KB234765

색채심리학

몸과 마음을 치유하는 컬러

색채심리학

김선현 지음

이담
Books

머리말

어릴 때 필자와 동생은 종종 빨강, 노랑, 초록, 주황 등 색색의 물감을 가지고 신나게 놀이를 하곤 했다.

물감을 이리저리 흘리고 묻히면서도 즐거워했고, 무엇보다 색이 주는 느낌은 황홀할 지경이었다. 물의 농도에 따라 끈적이는 느낌, 파란 빗물처럼 흘러내리는 모습 등 그림의 형태가 변형되는 것도 신기한 일이었다.

많은 사람들은 각자의 기억 속에 가장 인상적인 컬러를 가지고 있으며, 개인의 감정에 따라 특정한 색을 좋아하거나 싫어한다. 그러나 이런 색채의 신호는 단순한 개인의 기호만을 나타내는 것이 아니라 현재 몸과 마음의 상태나 성격을 파악할 수도 있고, 또 문화적인 의식도 엿볼 수 있게 한다.

현대 사회에서 색채의 활용은 헤아릴 수 없을 만큼 다양하다. 최근에는 인테리어나 건강, 마케팅 등 다양한 분야에 컬러를 활용하는 사례가 늘고 있다.

모든 생명체는 시시각각 반응하며 변화한다. 사람도 물리적·화학적·심리적·사회적·영적으로 계속 자극받고 반응하며 변한다. 모든 생명체에게 있어 광선에 대한 반응은 생명 유지에 매우 중요한 요소이다. 광선이 눈으로 들어오면 광선이나 색깔에 예민한 수백만 개의 세포, 즉 광수용체라고 불리는 세포가 광선을 전기적 자극으로 변환시킨다. 이렇게 변한 전기적 자극은 시신경을 따라 뇌로 전달되고 시상하부 샘을 활성화시킨다. 시상하부는 내분비 계통의 일부분인데 여기서 분비되는 내분비 물질이 혈압, 체온, 호흡, 소화, 성기능, 감정, 면역기능, 노화작용, 일상의 리듬 등 전반적인 신체 기능을 관장한다.

많은 과학자들과 의사들, 색채학자들은 오랫동안 색깔과 신체 반응에 대해 연구해 왔고, 최근에는 컬러테라피가 일반인에게도 잘 알려져 있다.

컬러테라피의 효능은 누구에게나 적용 가능하고 부작용이 없다. 그러나 컬러를 조화롭고 다양하게 사용하지 않고 특정 컬러만 지나치게 집착하거나, 어떤 색깔을 쓰면 어떤 병이 있는 것 아니냐는 단편적인 생각과 말들은 위험하다.

앞으로 컬러에 대한 더욱 많은 임상과 과학적인 연구가 이루어져야 할 것이다.

이 책에는 각 컬러의 특성, 심리적·역사적·문화적 이해, 의식주, 영화 등 활용 범위를 넓혀 기술했으며, 컬러테라피에 관한 내용까지 다양하게 넣었다.

이 책의 독자인 의료계 종사자, 기업의 광고 담당자, 심리학자, 치료사, 컬러연구가, 미술치료를 공부하는 분들에게 조금이라도 도움이 되기를 바란다.

적절한 컬러의 활용은 건강한 삶을 누리도록 도와줄 것이다.

2013. 2.

김선현

CONTENTS

Chapter 01

색

1. 빛과 색(Light and Color)

● 빛의 개념

1) 빛의 정의

색의 물리적 정의를 위해서는 '색은 빛이다' 라는 정의에서부터 출발해야 한다. 색은 빛이 있을 때 보이다가 빛이 사라지면 없어지게 된다. 색은 빛에 의해 나타나는 현상이다.

빛은 비교적 짧은 파장인 0.4~0.5n7m의 영역을 가진 전자기적 진동, 즉 전자기파의 일종으로 좁은 의미로는 인간이 지각할 수 있는 파장범위가 약 380~780nm로 가시광선(Visible light)을 말하나 넓은 뜻으로는 우주선, 감마선, X선, 자외선과 적외선, 초음파, 전파 등도 포함한다.

가시광선(Visible light)

빛 중에서도 색으로써 시각을 인간에게 발생시키는 파장이 약 380~780nm인 영역으로 다양한 색광이 포함되어 있어, 프리즘으로 분해하면 여러 가지 다른 파장으로 나뉜다. 가시광선의 파장영역은 크게 장파장역, 중파장역, 단파장역으로 나뉜다.

가시광선 영역 이외의 영역에서 380nm보다 짧은 파장에는 자외선과 X선, 감마선, 우주에서 끊임없이 지구로 날아오는 우주선이 있고, 780nm보다 긴 파장에는 적외선과 레이저, 전파 등이 있다.

자외선(Ultraviolet light)

전자기파 중 파장이 가장 짧은(단파장) 영역의 빛에 속하고 살균작용과 비타민D 생성의 화학작용을 하여 화학선이라고도 불린다. 눈에 보이지 않는 자외선이 형광물질에 닿으면 선명한 색의 형광을 낸다.

적외선(Infrared light)

전자기파 중 파장이 긴 영역대에 속하며 열적 작용이 강해 열선으로 불리며 가열, 건조, 생체에 대한 온열효과 등에 이용된다.

2) 파장과 색명과의 대응

빨강

스펙트럼에서는 700~610nm까지가 장파장역에 속하며, 빨강으로 보여진다. 적외선을 닮은 빨간 빛은 물을 통과하지 못하고 흡수되는데, 물 분자의 열운동을 유발하여 온도를 높인다. 파장이 긴 빛은 대기의 주성분인 질소와 산소 분자에 의해 매우 적게 산란되므로, 백색광이 두꺼운 대기층을 통과하는 경우 파장이 짧은 빛은 잘 산란되고 파장이 긴 빛은 적게 산란된다. 정오에는 대기층이 얇아, 태양빛이 대기층을 통과하여 지표면에 도달할 때 적은 양의 단파장 빛이 산란되어 태양은 노랗게 보인다. 시간이 지나 태양의 고도가 낮아질수록 태양빛이 대기층을 통과하는 경로가 길어지게 되면 단파장의 파란빛은 상대적으로 더 많이 산란된다. 일몰에 가까워질수록 파란빛이 적어지게 되면 태양은 노란색에서 주황으로 그리고 붉은색으로 점점 더 붉게 변한다. 이것이 태양이 질 때 하늘이 붉게 보이는 이유이다.

주황

빨강과 노랑의 중간색이며, 스펙트럼에서 610~590nm 정도의 파장을 가진다.

노랑

노랑은 빨강과 초록빛의 혼합으로 초록 파동의 회복효과와 빨강 파동의 자극 효과가 혼합되어 있다. 스펙트럼에서 590~570nm 사이의 색이며 흰색 다음으로 밝은 기본색이다. 노랑은 중파장역에 속하고 빛에 가장 가까운 색이고 스펙트럼에서 노랑은 빨강보다 훨씬 더 작은 공간, 즉 1/8 정도만을 차지하여 초록은 노랑보다 세 배 반 더 큰 공간을 차지한다. 이렇기 때문에 노랑은 무지개 위에서 거의 보이지 않기도 한다.

초록

녹색은 빨강만큼 가깝지도 않고 파랑보다 멀지도 않은 중도의 간색이며 스펙트럼의 파장 570~500nm 윗부분의 색이다. 백색광에서 빨강과 파랑을 빼면 그 나머지는 녹색 광이 된다.

파랑

스펙트럼에서는 500~450㎚까지가 파랑으로 보이며 단파장역에 속한다. 태양에서 나오는 자외선은 대기 상층부에 있는 오존층에서 대부분 흡수한다. 흡수되지 않은 자외선은 대기 중의 입자나 분자들에 의해 산란된다. 가시광선 중에서는 파랑이 가장 잘 산란되며 다음이 초록, 노랑, 주황, 빨강의 순서이다. 빨간빛은 자외선의 10% 정도만 산란된다. 자외선이 파란빛보다 많이 산란되지만 우리의 눈은 자외선을 보지 못한다. 결국 사람의 시각은 자외선에 비해 상대적으로 적은 양의 파란색 빛을 가장 많이 보게 되므로 하늘이 파랗게 보이는 것이다. 맑은 날의 하늘이 파랗게 보이는 것은 태양빛이 대기 중의 질소나 산소분자에 의해 산란될 때 특히 파장이 짧은 파란빛이 산란되기 때문이다.

보라

스펙트럼 색이 나타내는 색자극은 사람에 따라서 색감각도 다르고 그 파장도 일정치 않으나, 보라색은 파장이 대강 450~400㎚의 범위에 있다.

파장과 색명과의 객관적인 대응에서는 색의 주관평가에 의한 실험 결과를 따라 빨강은 650nm, 주황은 610nm, 노랑은 580nm, 초록 520nm, 파랑 470nm, 보라는 420nm으로 하고 있다.

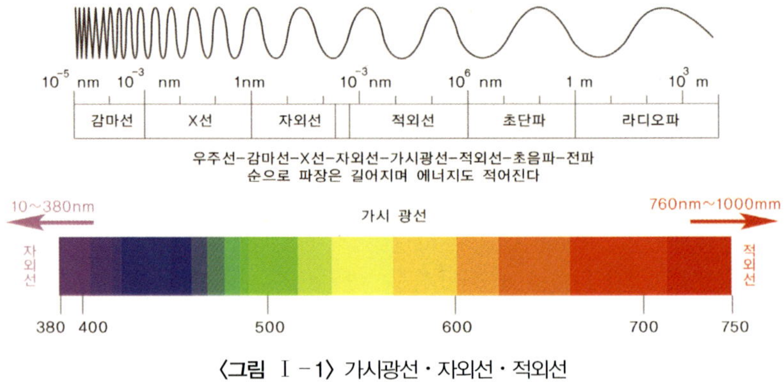

〈그림 Ⅰ-1〉 가시광선 · 자외선 · 적외선

● 색의 3속성

색의 3속성이란 색감의 성질을 색상(Hue), 색의 밝고 어두운 성질을 명도(Lightness/Value), 선명함의 정도를 채도(Saturation/Chroma)라고 한다. 이 세 속성이 모여 색(Color)을 이루며, 세 속성 모두 수치로서 표현하고 있다. 이 3속성은 별도로 독립되지 않고 밀접한 관계를 이루고 있으며, 서로 간에 영향을 끼치고 있다.

색상

빨강, 노랑, 파랑 등과 같이 색을 구별하는 그 특성을 말한다. 주로 색상환(Color Circle)에 의해 표현되며 먼셀의 20색상환이 많이 사용되고 있다. 우리나라는 먼셀의 색 체계를 사용하고 있으며, 한국산업규격에 따른 색 이름은 먼셀의 색 체계 중 10색을 기준으로 하고 있다.

명도

색의 밝고 어두움을 말한다. 3속성 중 사람이 가장 잘 인지할 수 있는 속성이라고 한다. 가장 밝은 색은 흰색, 가장 어두운 색은 검은색으로 표현하지만 실제 가장 밝은 색과 가장 어두운 색은 표현이 불가능하며 사람의 눈으로는 약 200단계까지 인지가 가능하다.

채도

색의 순도로 맑고 탁한 정도를 말한다. 유채색에만 있고 무채색에는 없다. 한 색상에서 채도가 가장 높은 색을 원색(vivid)이라고 한다. 가장 탁한 정도를 1로 하고 가장 맑은 단계를 14로 하여 총 14단계로 나눈다. 원색에 무채색이 혼합되면 색의 순도가 떨어진다. 즉, 채도가 낮아짐을 의미한다. 예를 들면, 진한 빨강과 같은 원색은 채도가 매우 높은 색인데 흰색이 섞이면 비율에 따라 진분홍, 분홍, 연분홍으로 변화되며 점점 채도가 떨어지게 된다. 채도는 색의 양을 이야기하는데 비유를 들자면, 물감과 물을 섞을 때, 전혀 섞지 않은 상태의 물감을 채도 100%라 하면 물은 채도 0이라고 할 수 있다. 그리고 섞는 양에 따라 채도의 값이 결정이 되며 사람의 눈은 보통 20~30 정도의 채도를 구분한다.

● 색의 분류

순색(원색)

색의 기본이 되는 색이다. 가장 순수한 색으로서 색과 색의 혼합으로는 만들어질 수 없는 색이다. 가장 높은 채도를 가지지만 채도가 높다고 해서 모두 순색이 되는 것은 아니다. 먼셀의 20색 중 순색은 빨, 주, 노, 초, 파, 남, 보 이렇게 7가지의 색이며 나머지 색은 이 7가지 색을 섞어서 만들 수 있다.

보색

서로 반대되는 색을 이야기하며, 색상환으로 표현하자면 정 반대의 각에 위치한 색이다. 즉 red의 보색은 cyan이 되고 yellow의 보색은 blue, green의 보색은 magenta가 된다. 빛의 삼원색인 R, G, B와 안료의 삼원색인 CMY(K)는 서로 보색의 관계에 있다. 혼합하여 무채색이 되는 두 가지 색을 서로 보색관계에 있으며 서로 상대방에 대한 보색이라고 한다. 이처럼 보색관계에 있는 두 색의 혼합결과는 색광 혼합의 경우는 백색(광)으로 색료 혼합의 경우는 검정에 가까운 색이 된다. 모든 2차색은 그 색에 포함되지 않은 원색과 보색관계에 있다. 색상환에서 서로 마주 보는 위치에 있다.

유채색과 무채색

무채색은 채도가 0인 색을 말하며 색상(Hue)을 갖지 못한 색(Color)이라는 뜻이다. 색의 3속성 중 명도만을 가지며 가장 밝은 색은 흰색, 가장 어두운 색은 검은색, 그 사이에 있는 색은 회색이다. 무채색 이외의 모든 눈에 보이는 색을 유채색이라고 하며 채도가 있다.

● 색의 인식

　물체의 색을 지각하는 데 반드시 필요한 조건은 빛과 물체(대상물), 감각(눈) 그리고 뇌의 작용이다. 빛은 물체에 닿으면 화학적 성질에 따라 흡수되거나 투과되거나 반사된다. 빛은 질적·양적으로 변화하는데, 물체로부터 반사된 빛은 눈의 망막에 있는 추상체를 자극하고, 이때 추상체가 각각 다른 파장역의 빛에 대해 선택적으로 반응하여 색 감각을 일으킨다. 색 자극은 체내에서 감지할 수 있는 전기적인 신호로 변환되고, 그 정보가 대뇌로 전달되어 비로소 물체의 색으로 인식하게 된다.

2. 색의 속성

● 원색과 삼원색

원색(原色)

원색이란, 혼합하여 모든 종류의 색을 만들 수 있는 서로 독립적인 색을 말한다. 서로 독립적인 색이란, 다른 색들의 혼합으로는 만들어지지 않는 색을 의미한다.

색의 삼원색(마젠타, 옐로, 사이언)

감산혼합이며 **빛의 삼원색**(빨강, 초록, 파랑)은 가산혼합이라 한다. 색의 삼원색의 대표적인 응용 사례는 컬러 잉크젯 프린터를 비롯한 컬러 인쇄에서 찾아볼 수 있다. 태양에서 나오는 백색광에는 많은 단색광이 포함되어 있는데 어떤 두 가지 단색광을 섞으면 두 빛이 포함된 빛이 되고, 여러 단색광을 섞어 나가면 빛의 양과 파장의 종류가 늘어나 빛은 점차 밝아져서 결국에는 백색광이 된다.

물감을 혼합할 때 여러 가지 색을 섞을수록 거무튀튀해지는 이유는 빛을 흡수하는 물감의 특성과 관련이 있다. 물감에 흡수되는 빛이 증가하면, 반대로 물감으로부터 반사되어 우리 눈에 도달하는 빛의 양과 파장의 종류가 줄어들기 때문이다.

어떤 파장의 빛을 흡수·반사하는가로 물체의 색이 결정되며, 어떤 스펙트럼을 가지고 있는가는 빛의 색을 결정한다.

물리학적으로 색에는 빛이 포함된다. 빛에는 중요한 삼원색이 있으며, 그 세 가지 색은 다른 두 개의 색을 합쳐서 결코 만들어낼 수 없는 필수 색상이다. 삼원색은 빨강, 파랑, 녹색이며 이는 색을 발산하는 발광의 삼원색이라 할 수 있다. 이 삼원색이 모두 섞이면 흰색이 된다. 다른 색들은 이 세 가지 중 둘 이상의 색이나 그 합성 색상을 혼합하여 만들어낼 수 있다. 빨강과 초록빛이 합해지면 노랑이 되고, 초록과 파랑이 합해지면 녹색이 되고, 파랑과 빨강의 빛이 섞이면 자주색이 된다.

화학적 색은 염료와 혼합물을 사용하며, 삼원색은 빨강, 파랑, 노랑이다. 여기에서의 삼원색은 빛을 발하는 발광의 색이 아니고 흡수한 나머지 반사색을 보는 흡수의 색이다. 이 삼원색을 다양하게 조합하여 다른 색조들을 만들 수 있는데, 빨강과 노랑은 주황을 만들고, 노랑과 파랑은 초록을 만들고, 파랑과 빨강이 결합하면 보라색이 된다. 삼원색이 화학적으로 합해지면 점차 검정으로 향해 간다.

빛의 삼원색은 빨강(R), 녹색(G), 파랑(B)이고, 색의 삼원색은 사이언(C), 마젠타(M), 옐로(Y)이다. 빛의 삼원색은 발산하는 색이고 색의 삼원색은 흡수한 나머지가 반사하는 색을 말한다. 어떤 의미에서는, 빛의 삼원색은 양(陽)의 삼원색이고 색의 삼원색은 음(陰)의 삼원색이라 할 수 있다.

3. 색채의 시각효과

● 색의 대비현상

우리는 일상에서 여러 조합의 색을 보게 된다. 이럴 경우 몇 가지의 색이 상호작용을 하므로, 한 가지의 색을 볼 때와는 다른 현상이 일어난다. 그 대표적인 것이 대비(對比) 현상이다. 그 중 대표적인 색채 대비는 두가지 이상의 색을 동시에 보거나 연속해서 볼 때 일어나는데, 전자를 '동시대비', 후자를 '계시(계속)대비'라 한다. 이 때 제시되는 색은 서로 영향을 미치며, 각기 지니고 있는 색의 특성을 더욱더 강조하는 경향이 생긴다. 이와 같은 색의 대비현상 중 동시대비, 계시대비, 동화현상, 색의 성질을 살펴보고자 한다.

동시대비(Simultaneous contrast)

동시대비란 서로 다른 색이 배색되어 있는 경우 각각의 색이 동시에 서로에게 영향을 주어 실제 색과 다르게 느껴지는 현상을 말한다. 여러 가지 색으로 구성된 배색을 동시에 볼 때 배경색이나 면적이 넓은 색에 의해 생긴 자극이 초점을 맺은 망막의 주변 부분으로까지 번지면서, 면적이 작은 색 위에 면적이 넓은 색의 잔상이 겹쳐져 가산

혼합의 상태로 보이게 된다. 또한 나
란히 놓인 두 색의 경계 부분은 상
대방의 보색잔상으로 인해 서로에
게 영향을 주어서 실제의 색과 다르
게 느껴진다. 이러한 상태에서 색이
변해 보이는 현상을 동시대비라 한
다. 이는 각각의 색에 대하여 눈이
동시에 그 보색을 요구하기 때문인

〈그림 Ⅰ-2〉 동시대비

데, 만약에 보색에 해당되는 색이 주변에 존재하지 않으면 눈은 그
색의 보색을 자연적으로 발생시킨다. 이 때문에 각각의 색은 서로에
게 영향을 미치면서 동시에 각자가 지니고 있는 색의 특성을 더욱 강
조하는 경향이 생긴다. 동시대비는 객관적인 사실이 아니라 인간의
눈 속에서만 일어나며 흥분을 유발하여 활기찬 감정의 변화를 일으
킨다.

계시대비(Successive contrast)

어떤 색을 계속해서 본 후에 다른 색을 보면, 앞 색의 영향에 의해
뒤의 색이 단독으로 볼 때와는 다르게 보인다. 계시대비는 이와 같이
시간적인 차를 두고 두 개의 색을 차례로 볼 때 생기는 현상을 말하
며, 계속대비라고도 한다. 계시대비에서 무채색은 색의 명암이 반대
가 되며, 유채색에서는 앞서 보고 있던 색의 보색이 뒤의 색에 더해
진 것으로 보인다. 이를테면 빨강을 잠시 계속해서 본 후에 노란색을
보면, 빨강의 보색인 청록의 이 노란색에 가해져서 황록으로 보인다.
다른 예로, 아래 그림처럼 두 가지 다른 색상의 원 안에 있는 점을 쳐다보다가 아래쪽에 같은 색상의 원 안에 있는 점을 볼 때 잠시 동안 색상이 다르게 보인다.

동화현상(Color assimilation)

하나의 색이 다른 색에 둘러싸였을 때, 둘러싸인 색이 주위의 색과 비슷하게 보이는 현상을 말한다. 이 현상은 둘러싸인 색의 면적이 작은 경우, 또는 둘러싸인 색이 주위의 색과 유사한 경우 등에서 일어나기 쉬우며, 색 대비와는 반대로 색과 색이 똑같이 되려고 하는 것같이 보인다. 3속성 중에서 명도차에서의 동화현상이 가장 현저하게 나타난다. 아래의 그림을 예로 들면, 빨간색 주변의 파란색과 노란색은 빨간색에 영향을 미치게 되는데, 노란색은 빨간색을 더 옅은 색으로 보이게 하고, 파란색은 빨간색을 더 진하게 보이게 한다. 이는 파란색이 노란색보다 더 짙은 색이기 때문이다. 또한, 노란색은 주변의 빨간색에 노란색을 띠는 것처럼 보이게 하고, 파란색은 빨간색에 살짝 파란색이 느껴지도록 영향을 미친다.

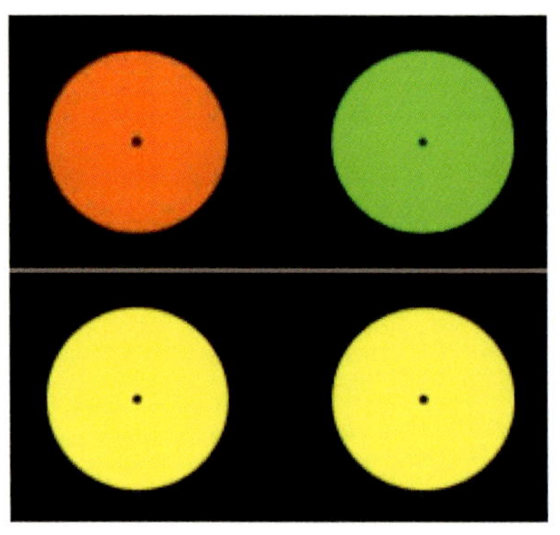

〈그림 Ⅰ-3〉 계시대비

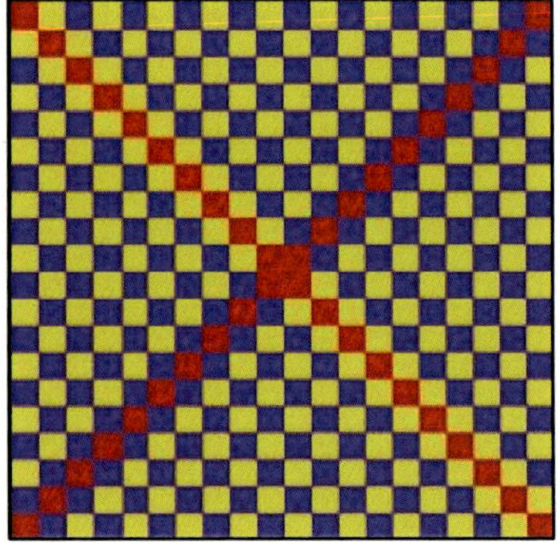

〈그림 Ⅰ-4〉 동화현상

● 색의 성질에 의한 대비

    여러 가지 색을 배색할 때 나타나는 색채효과는 배색에 어떠한 색의 대비를 이용하였는가에 따라 달라진다. 색의 대비는 색의 3속성 중에서 그 현상이 뚜렷한 정도에 따라서 색상, 명도, 채도대비와 색의 성질에 따라 한난, 보색, 연변대비와 그리고 면적의 효과에 따라 면적대비로 분류한다. 하지만 일상적으로 색을 보거나 배색할 때는 위의 대비현상들이 동시에 일어나는 경우가 흔하다. 이들 대비현상들은 각각 독특한 성격과 예술적 가치를 가지며 시각적·표현적 효과와 성질을 달리하고 있으므로 각각 독립적으로 연구해야 한다.

색상대비(Hue Contrast)

    두 가지 이상의 배색에서 각각의 색을 단독으로 볼 때보다 색상의 차이가 더욱 크게 느껴지는 경우를 색상대비라고 한다. 예를 들면 주황색 위에 녹색을 놓으면 주황색은 더욱 붉게 보이고, 녹색은 청록에 가깝게 느껴진다. 검정/하양의 배색이 가장 강한 명도대비를 나타내는 것과 같이 노랑/빨강/파랑의 3원색에 의한 배색은 가장 강한 색상대비를 나타낸다. 색의 강도는 원색으로부터 멀어질수록 감소한다. 즉 2차 색인 주황, 청록, 연두색은 원색인 노랑, 빨강, 파랑보다 그 특성이 약하며, 3차 색에서는 그 효과가 더욱 약해진다. 이때 배색된 단색들 사이를 검정 선이나 흰색 선으로 구분해주면 각각의 색들은 독자적인 성격이 한층 분명하게 나타난다. 이와 같은 경우 이 색상들 사이의 상호작용이나 각각 서로에게 미치는 영향은 어느 정도 억제되며 각 색상은 제각기 현실적이며 구체적인 표현의 효과를 나타낼 때 사용된다.

<그림 Ⅰ-5> 색상대비　　　　　　<그림 Ⅰ-6> 빨강. 노랑. 파랑의 배색

색상대비를 주로 사용한 배색은 힘차고, 활발하며, 결정적이고 단호한 느낌을 갖게 된다. 또한 합리적이기보다는 원시적이고 주술적인 여러 가지 힘이 작용하고, 거센 환희, 깊은 슬픔, 세속적인 단순함 등을 나타내는 데에 적합하며 그 밖에도 다양하고 폭넓은 표현 가능성을 지니고 있다. 색상대비는 우리나라의 한복이나 단청뿐 아니라 여러 민족의 민속공예품 속에서도 볼 수 있다. 화려하게 수놓인 자수나 의상들, 다양한 무늬의 도자기들은 인간이 다채로운 색채가 보여주는 여러 가지 효과에서 본능적인 기쁨을 느낀다는 것을 나타낸다.

명도대비(Value contrast)

검은색과 흰색은 명도 차가 크기 때문에 명도의 대비현상이 뚜렷하게 나타난다. 밝은 색과 어두운 색은 서로가 서로의 명도를 더욱 강조하는 역할을 하기 때문에 명도 차가 큰 색일수록 이 현상이 두드러지게 나타난다. 검정과 흰색의 중간에는 여러 가지 밝기의 회색이 존재한다. 회색은 중성으로서 인접하는 색에 의하여 성격이 좌우되며, 아울러 인접한 색의 힘을 약화시켜 부드

동일한 명도단계의 회색을 서로 다른 배경 위에 올려놓았을 경우. 배경의 명도에 따라 다르게 보인다.

<그림 Ⅰ-7> 명도대비

럽게 한다. 회색은 강하게 대립하는 두 색의 힘을 흡수하여 그 대립
을 융화시킨다. 같은 명도의 회색을 흰색 바탕과 검은색 바탕에 각각
놓았을 때, 흰색 바탕의 회색은 어둡게, 검은색 바탕의 회색은 밝아
보인다. 이와 같이 배색된 색의 3속성 관계에서 특히 명도의 차이가
크게 느껴지는 대비현상을 명도대비라 한다.

　배색에 있어서 유채색이 활기차고 복잡한 대비효과를 만드는 데
비하여 무채색은 정반대로 단정적이고 강한 추상적인 효과를 나타낸
다. 그러나 무채색이 간접적으로 유채색의 효과를 줄 수 있다. 그것은
무채색인 회색에 인접하는 색상이 동시대비에 의하여 그 회색을 마
치 자신의 보색인 것처럼 보이게 유도하는 경우가 있기 때문이다. 그
러나 색채구성 속에서 무채색이 같은 명도의 유채색에 인접해 있을
경우 그 무채색은 무채색으로서의 특징을 상실한다.

채도대비(Chroma contrast)

　채도는 색의 맑고 산뜻함에 관계가 있다. 채도대비는 짙고 선명한 색
과 탁하고 흐릿한 색 사이에 생기는 대비를 말한다. 이때 흐릿하거나 선
명해 보이는 대비효과는 상대적인 것이다. 어떤 하나의 색이 둔한 색조
의 곁에 놓이면 선명하게 보일 것이며, 그 색보다 선명한 색조의 곁에서
는 둔하게 보이기 마련이다. 햇빛이 프리즘을 통해 파장별로 분해되어
나타나는 색, 즉 스펙트럼에서 분리되는 색이 각 색상의 가장 높은 채도
이다. 색료에서 각 색상 중 최고의 채도를 나타내는 색은 3원색과 색상
환의 순색들이다. 순색은 흰색, 검은색, 회색 그리고 보색과 혼합하여
채도를 낮출 수 있으며 본래의 성질이 여러 가지로 변한다.

〈그림 Ⅰ-8〉 채도대비

흰색과 혼합하여 채도를 낮춘 경우를 살펴보면, 자주에 흰색을 섞으면 파란 기를 띠게 되며 그 성질은 크게 변화한다. 노랑에 흰색을 섞으면 차가운 성질로 변하지만 파랑에 흰색을 섞으면 파랑의 성질은 거의 변하지 않는다. 보라색은 흰색에 매우 민감하기 때문에 짙은 보라에 흰색을 섞으면 매우 날카롭고 예리한 느낌을 준다. 그러나 흰색을 더 많이 섞으면 라일락색이 되고 이 색과 배색을 하면 쾌적하고 고요하며 즐거운 느낌을 준다. 검정과의 혼합으로 채도를 낮춘 경우를 살펴보면, 노랑에 검정을 섞으면 노랑의 밝은 성질은 사라지며 병적이고 거친 느낌을 준다. 보라에 검정을 섞으면 보라의 잠재적인 우울함이 강조되어 나타난다. 자주에 검정을 섞으면 보라의 기미를 약간 띠게 된다. 주황에 검정을 섞으면 붉게 그을린 듯한 적갈색이 된다. 녹색에 검정을 섞으면 다양한 변화를 나타낼 수 있다. 순색에 회색을 혼합하면 색은 다소간 둔해지며 중간 색조에 가까워진다. 혼합된 회색은 동시대비의 효과에 의해 쉽게 중성화한다. 보색과의 혼합으로 채도를 낮춘 경우를 살펴보면, 보라에 노랑을 섞으면 밝은 노랑과 어두운 보라색 사이의 중간 색조를 얻을 수 있다. 청록에 빨강을 섞으면 두 색의 혼합으로 어두워지며, 변화 있는 혼합색에 흰색을 섞어 밝게 하면 특수한 색을 얻게 된다.

보색대비(Complementary contrast)

색상이 매우 다른 색끼리의 배색에서는 대체로 대비로 인한 색상의 변화가 없는 편이다. 특히 색상이 정반대되는 보색끼리 배색되었을 때에는 각각의 색이 독립적으로 더욱 뚜렷해지며 채도가 높아 보인다. 이것은 각 색의 보색잔상이 상대방의 색과 일치하기 때문이다. 이런 현상을 보색대비라고 한다. 눈이 스펙트럼의 전 영역을 고루 갖춘 빛을 항상 요구하는 것은 극히 자연스러운 일이다. 때문에 눈은 보색을 이루는 한 쌍의 색을 생리적으로 필요로 하며 만일 보색에 해당되는 색이 없을 경우에 눈은 보색에 해당되는 색을 스스로 만들어 낸다. 이와 같은 이유로 눈 속의 망막에 나타나는 색은 실존하는 색이 아니고 눈이 자체적으로 만들어낸 생리적인 현상인 것이다. 이를 동시보색이라 한다. 색의 조화라는 측면에서 볼 때 두 색이 보색관계가 되면 우리의 눈 속에서 안정된 평형상태를 이룬다는 점에서 중요할 뿐 아니라 색채를 활용하는 모든 실제 활동과도 중요한 관계가 있다.

빨강을 보색을 바탕으로 배색하였을 때는 선명하고 순수함이 돋보이지만(오른쪽), 동일한 색조의 회색이 섞인 둔한 빨간 바탕 위에 놓았을 때는 바탕색처럼 탁하고 애매한 느낌을 준다(왼쪽).

〈그림 Ⅰ-9〉 보색대비의 실험

순수한 보색으로 배색을 하면 사람의 눈 속에서 색을 지각하는 데 혼란이 일어나며 잇따라 시각적인 동요가 일어난다(왼쪽). 보색관계에 있는 보라와 녹색은 상충된다. 오른쪽 그림과 같이 서로의 색을 아주 조금씩 섞어 사용하면 두 색이 조화를 이룰 수 있다(오른쪽).

〈그림 Ⅰ-10〉 보색대비의 실험

한난대비(Cold and Warm contrast)

색상환의 양 끝에서 마주 보고 있는 색의 배색으로 빨강
과 청록의 한난대비를 나타내고 있다.

〈그림 Ⅰ-11〉 한난대비

왼쪽 그림의 색 면 비례를 바꿔놓은 것이다. 색의 온도
감이 달라지는 것을 알 수 있다.

〈그림 Ⅰ-12〉 한난대비

한난대비란 본래 색이 갖고 있는 특성보다 대비에 의해 색의 차고 따뜻함이 강조되어 색의 온도감이 강하게 느껴지게 되는 현상이다. 예를 들면 유채색에서 연두, 녹색 계통이나 보라, 자주 계통의 색상은 중성색인데, 중성색에 한색이나 난색을 배색하면 한난대비 현상이 일어나서 중성색이 따뜻하게 느껴지기도 하고 차갑게 느껴지기도 한다. 반대로 중성색 옆의 한색은 더욱 차게 느껴지고 난색은 더욱 따뜻하게 느껴진다.

한난대비는 때로는 보색대비를 겸하는 경우가 있다. 이는 두 색이 서로 상반된 성질을 갖는 한 쌍이기 때문이며, 특히 쌍을 이루는 색상이 순색이거나 명도, 채도가 같을 경우에 한난대비가 생기기 쉽다. 그래서 한난대비를 주로 이용하는 구도에서는 한난 색 중 어느 한쪽을 돋보이게 하고 다른 쪽을 약하게 할 필요가 있다. 한난 색 중 어느 쪽을 강조하기 위해서는 채색 면적을 넓게 하거나 색상이나 채도를 돋보이게 하는 것이 중요하다.

면적대비(Contrast of area)

면적대비는 둘, 혹은 그 이상의 색 면들의 상대적 넓이 사이의 관계를 말하며, 색 면의 많고 적음, 혹은 대소 간의 비례대비이다. 즉 두 가지 이상의 색이 각각의 넓이를 어떤 비례로 할 때 더욱 아름답고 안정된 균형을 갖는가 하는 문제이다. 면적이 좁은 색과 면적이 넓은 색이 균형을 유지하는 것은 시지각에 대한 자극의 균형에 의한 것이다.

색의 시각반응은 아주 좁은 시야에서는 혼란이 일어나고 색상 구별이 어렵다. 큰 면적의 색은 작은 면적의 색견본을 보는 것보다 화려하고 힘이 가해진 인상을 준다. 일반적으로 면적이 넓은 색 면은 명도와 채도가 크게 보이고 면적이 작은 색 면은 명도와 채도가 작아 보인다. 그러므로 넓은 면적은 채도가 낮은 색으로, 좁은 면적은 채도가 높은 색으로 배색하는 것이 좋다. 그러나 순색의 경우에는 눈의 피로도가 높아 반대로 느껴지게 된다. 면적대비는 또한 다른 종류의 대비가 주는 효과를 강조하는 특징이 있다. 면적대비로 색의 대비를 강조할 때는 아주 활기 있는 색다른 표현을 할 수 있다. 배색에 있어서 조화된 면적비례가 적용되었을 경우 정적이고 고요한 효과가 나타난다. 그러나 어떤 주제를 강조하거나 혹은 개인의 예술적 감각이나 기호에 따른 표현적 효과를 나타내고자 할 때는 한 가지 색이

색채 사용의 성공은 대부분 색 면의 비율과 위치 관계에 따라 좌우된다. 색의 위치를 서로 바꾸어 보면 면적대비의 효과를 분명히 알 수 있다.
맨 위의 그림에서 넓은 면적의 어두운 배경 속에 있는 작은 노란색 사각형은 튀어나와 보인다. 그러나 색의 위치를 서로 바꾸면 거의 움직임을 느낄 수 없다. 크기의 환영은 색채의 강도에 의해서 영향을 받는다.
아래 그림에서 빨간 바탕 위의 검은 사각형보다 검은 바탕 위의 빨간 사각형이 더 크게 느껴지는 것은 이 때문이다. 물론 그 둘은 크기가 똑같다.

〈그림 Ⅰ-13〉 면적대비의 실험

우세하도록 하는 것이 좋다.

연변대비(Marginal contrast)

어떤 두 색이 인접해 있을 경우에 두 색이 맞닿아 경계가 되는 부분에서는 경계로부터 멀리 떨어져 있는 부분보다 색상/명도/채도대비 현상이 더욱 강하게 일어나는 현상을 연변대비라고 한다. 즉 어떤 색과 색이 맞닿아 있는 부분은 중심 부분보다 밝기와 색상 그리고 선명도가 뚜렷한 차이를 보이기 때문에 경계부분이 위쪽으로 솟구치거나 아래로 내려가 보이는 현상이 나타난다. 이러한 연변대비 현상은 무채색을 명도단계별로 배열하거나 또는 같은 명도의 유채색을 채도단계별로 연속적으로 붙여서 배열했을 때 잘 나타난다.

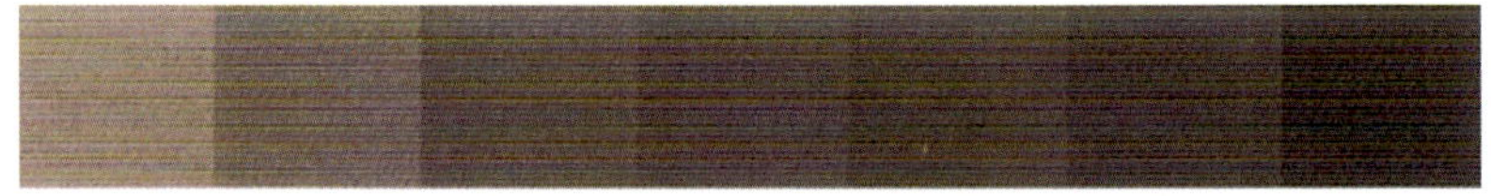

〈그림 Ⅰ-14〉 명도의 연변대비

〈그림 Ⅰ-15〉 색상의 연변대비

〈그림 Ⅰ-16〉 채도의 연변대비

4. 색채의 감정효과

● 색채와 상징

    상징이란, 하나의 색을 보았을 때 특정한 형상이나 뜻이 상징되어 느껴지는 것을 말한다. 색의 상징이란 사물을 전달하는 매개적 작용을 하는 것으로서 하나의 심벌이나 기호로 볼 수 있으며, 이런 색의 상징은 색채의 연상 작용이 성격과 관습적인 성향을 띠게 되면서 정서적 반응과 사회적인 규범을 상징하고 있다. 이러한 의미에서 색의 상징은 색의 연상과 깊은 관련이 있다는 사실을 알 수 있다. 또한 디자인 부분에 있어서는 기업이미지, 제품이미지 등을 효과적으로 나타내는 수단이 되고 있으며 언어를 통하지 않는 커뮤니케이션에서도 중요한 부분을 차지하고 있다. 색의 상징성에는 언어로는 표현하기 어려운 공간감각이나 사회적·종교적 규범과 같은 추상적 개념을 색으로 투영시키는 특성이 있으며, 언어에 의한 커뮤니케이션이 발달되지 않았던 시대에는 색의 상징이 언어를 대신하는 역할을 하고 있었다. 이것은 세계의 종교, 전통, 고대사상이나 미신 속에 잘 나타나고 있다.

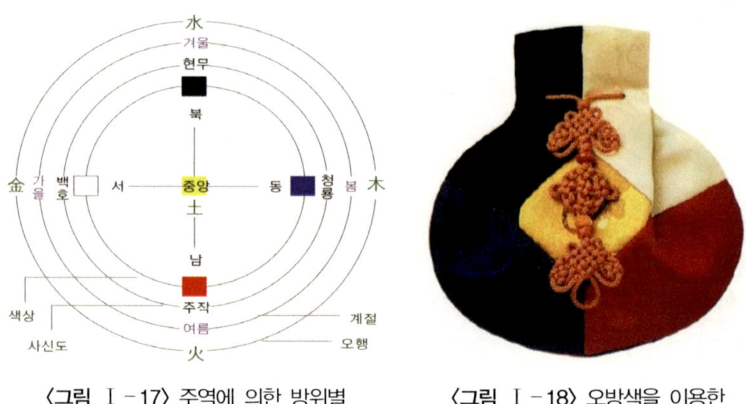

〈그림 Ⅰ-17〉 주역에 의한 방위별
오방색

〈그림 Ⅰ-18〉 오방색을 이용한
복주머니

1) 색채의 사회적 의미와 상징

방위의 상징색

중국의 고대철학에는 오행사상이라는 것이 있다. 일본의 아스카-
나라 시대는 정치·종교·사상·사회생활의 모든 면에서 중국의 영향
을 크게 받던 시대였는데, 이때 중국에서 전래된 것이 오행사상이었
다. 오행은 나무, 불, 흙, 쇠, 물을 가리키며, 5가지 요소에는 각각 상징
으로서의 색이 주어져 있을 뿐 아니라 방위, 계절, 시각, 덕목 등이 배
당되어 있다. 방위에서 나무는 동쪽, 불은 남쪽, 흙은 중앙이며, 쇠는
서쪽, 물은 북쪽이 되고 각 방위에는 각각 중앙을 지키는 신수, 즉 청
룡(동), 주작(남), 백호(서), 현무(북)가 배치된다. 방위와 색을 대응시
킨 예는 다른 곳에도 있다. 인도에서는 동쪽을 흰색, 서쪽은 검정, 남
쪽은 노랑, 북쪽은 빨강이다. 옛날의 아일랜드는 북쪽이 검정, 남쪽이
흰색, 동쪽이 보라색이고 서쪽은 갈색이 들어간 회색을 의미했다.

종교의 상징색

기독교의 종교화에서도 색의 상징이 두드러진다. 특히 기독교 사회는 그리스정교에 의해 8세기 무렵부터 이콘을 통한 슬라브 사회로의 포교를 꾀하였다. 이콘에는 그리스도나 마리아 또는 성인들의 상을 정해진 스타일과 상징적인 색을 따라 그리도록 했다. 르네상스 시대에도 많은 화가들이 성모자상을 그렸지만, 성모마리아의 겉옷은 이콘의 전통에 근거한 파란색으로 채색하는 경우가 많았다. 파랑은 천국의 진실의 상징으로, 악마를 물리치는 색이기도 했다. 또 빨강은 십자가에서 흘린 그리스도의 피, 즉 수난의 상징이며 가톨릭교회에서는 자비와 동포애의 상징이기도 하다. 이 때문에 그리스도의 옷차림은 레오나르도 다빈치가 그린 <최후의 만찬>에서 볼 수 있듯이 빨강으로 채색된다. 불교는 부처의 영향으로 황금색을 사용한다. 이처럼 신적인 존재는 대부분 빛나는 황금색이나 빨강, 노랑 등과 같은 채도가 높은 색을 사용했는데, 대표적으로 이집트의 태양신 '라'를 비롯하여 그리스 신들의 표현에도 황금색이나 노란색이 주로 사용되었다.

〈그림 Ⅰ-19〉 레오나르도 다빈치 〈최후의 만찬〉

〈그림 Ⅰ-20〉 미켈란젤로
〈도니가의 성가족〉

문화와 국기의 상징색

일본인이 떠올리는 태양의 상징색은 국기인 일장기로 대표되는 빨
강이다. 아이의 그림에서도 태양이 빨갛게 칠해져 있는 경우가 많다.
그러나 세계적으로 보면 많은 서구의 나라에서 태양의 상징색으로
노란색이 사용된다.

- 빨간색: 애국자의 희생적인 피, 정열, 혁명, 박애, 무용 등
- 파란색: 강, 바다, 물, 하늘, 희망, 자유
- 노란색: 황금, 국부, 태양, 사막, 번영
- 초록색: 농업, 삼림, 국토와 자연의 아름다움, 번영, 희망, 이슬
  람교 등
- 검은색: 흑인, 역사, 암흑시대, 고난, 의지 등의 의미와 독립, 정
  의, 자유, 단결 등

〈그림 Ⅰ-21〉 국기의 여러 가지 배색 유형

신분 및 계급의 상징색

예부터 왕족들은 자신의 최고권위를 상징하는 색으로 황금색이나 자주색의 옷을 입었다. 중국의 왕조는 갈색, 초록, 황색 옷을 입었으며, 로마에서는 자주색 옷을 입었다. 인도에서는 네 개의 신분계급에 따라 색을 달리했는데 브라만이라고 하는 신성한 계급은 흰색을 입었고, 군인인 크샤트리아는 빨강, 상인 바이샤는 노랑, 노예계급인 수드라는 검정 옷을 입었다. 우리나라의 조선시대 계급을 보게 되면 왕족은 금색을 사용하였으며, 1품에서 정3품은 홍색을, 종3품에서 6품은 파랑을, 7품에서 9품은 초록색을 사용하였다. 색의 상징성에는 언어로는 표현하기 어려운 공간 감각이나, 사회적·종교적 규범과 같은 추상적 개념을 색으로 투영시키는 특징이 있다.

2) 색채와 환경

색채지리학이라는 용어를 처음 사용한 프랑스의 장 필립 랑클로는 "각 지역의 자연과 기후에 의한 지역색에는 각 민족의 색채 특징이 담겨져 있다"라고 하였다. 이것은 지역색 또는 민족색을 나타낸 말로서 특정 지역마다의 특색 있는 색을 바로 지역색, 또는 풍토색이라고 한다. 지역색은 각 지역이나 국가마다 기후, 자연, 역사, 구조 등의 환경적 영향에 의해서 매우 다르게 느껴지게 되며, 같은 색이라도 그 의미나 상징과 사용처가 다르게 된다. 문화와 문명에 따른 색의 상징은 수많은 공통점을 지니고 있으나 상반된 면도 많이 있다.

지역의 상징색

올림픽 마크의 '오륜'은 5대양을 상징하는 다섯 가지 색으로 되어 있는데, 오륜기는 국경을 초월하는 것을 뜻하는 흰색 바탕 위에 위치하며, 파랑은 유럽, 노랑은 아시아, 검정은 아프리카, 녹색은 오스트레일리아, 빨강은 아메리카를 상징하고 있다.

〈그림 Ⅰ-22〉 오륜

3) 색의 상징

〈표 Ⅰ-1〉 색의 상징표(일본색채연구소, 1965)

색상	빨강	노랑	초록	파랑	보라	하양	검정
연상어	정열	명랑	상쾌	정숙	고상	청결	불안
	위험	가볍다	신선	차가운	우아	공허	죽음
	흥분	약동	평온	시원	매력	가능성	음산한
	더운	한가로운	안식	해방감	불량	가벼운	힘
	분노	불안	안전	정신	화려	진리	악
	폭발	느슨한	행복	지성	여성적	허탈감	무거운
	압력	긴장	풍요	깊이	촌스러운	결벽	고독
	사랑	위험	생명력	청결	자부심	순결	침묵
	활동적	경솔	건강	슬픔	고독	밝은	어두움
	생명	부드러운	산뜻함	평화	복잡	차가운	쓸쓸
	용기	유쾌	자연	기분 좋은	불안	화려	자신
	기쁨	초조	평온	안식	기품	새로움	남성적
	싸움	발전	미숙	온화	염원	위엄	극한
	잔혹	사랑스러운	청결	안락	신비	방심상태	절대적
	유혹	연약	정적	냉혹	호화로움	매정한	절망
	격렬	활발	침착	우울	무드	냉담	냉혹
	적극		아름다움	평대	고급	무한	허무
	애정			섬세	숭고	무의미	엄숙

● 색채와 연상

우리가 어떤 색을 볼 때, 그 색에 대한 특정한 인상을 기억하게 되거나 색에서 추출되는 어떤 사물이나 형을 결부시켜 생각한다. 이와 같이 색을 볼 때 색과 관계된 사물, 분위기, 이미지 등을 생각해내는 것을 색의 연상이라 한다. 색의 연상이란 색채를 자극함으로써 생기는 감정의 일종으로, 개인의 생활경험, 지식, 기억, 연령, 성격, 교양, 환경, 직업, 지역, 시대, 국가 등과 관련이 있으며 연상에 의해 발생하는 이미지는 개인마다 제각각 다르다. 또한 사회적인 환경과 역사적인 선입관에 의해서도 영향을 받으며, 그에 따라 연상정도가 달라지게 된다. 연상 이미지는 구체적인 것과 추상적인 언어로 표현 할 수 있으며, 상징적인 경향을 함께 띠고 있다.

구체적 연상
- 노란색을 보며 바나나와 레몬을 떠올리는 것
- 주로 유아~소년기에 구체적 연상이 많다.
- 유채색은 구체적 연상이 강하다.
- 구체적인 사물을 떠올리는 경우 색의 연상(Color association)이라 한다.

추상적 연상
- 노란색을 보며 청춘, 발랄함, 주의 등을 떠올리는 것
- 주로 청년~노년기에 구체적 연상에서 이어지는 추상적인 연상이 많아진다(개인적인 경험이나, 기억, 사상, 의견 등이 색에 직접 투영되기 때문).

- 무채색은 추상적인 연상이 강하다.
- 추상적인 개념을 떠올리는 경우를 색의 상징(Color symbol)이라 한다.
- 또한 추상적 개념과 연관된 색의 연상어를 색의 상징어라고 한다.

1) 색의 심리와 연상

빨강

빨강은 안전색채로서 정지, 금지의 뜻으로 방화, 금지표시, 소화기, 경보기, 긴급정지 등에 쓰인다. 빨강은 색채 중에서 가장 자극적이며 감정을 고조시킨다. 빨간색은 태양이나 불, 피, 혁명을 연상시키므로 정열과 열정, 적극성, 흥분 등을 상징하기도 하며, 위험이나 경고를 표출한다. 빨강에 흰색을 섞으면 분홍색이 되는데, 이는 파스텔 톤으로 부드럽고, 여성적인 느낌을 갖게 된다. 심리적으로 빨강은 부정적인 사고를 극복할 수 있도록 하며, 활기와 야망을 갖게 한다.

주황

난색이면서 흥분색이고 팽창색인 오렌지는 주목성이 높은 색이다. 시간경과가 빨리 느껴지는 색으로 패스트 푸드점에서 음식을 빨리 회전시키기 위해서 사용하게 되는 경우가 많다. 빨강과 노랑의 성질을 갖고 있으므로 지성과 파워의 색이라고 일컬어진다. 식사할 때는 즐겁고 맛있게 느껴지며 신맛을 느끼게 한다. 심리적으로 주황은 기능저하를 막아주고, 감정을 자유롭게 도와준다.

노랑

노랑은 유채색 중에서 명도와 채도가 가장 높은 색으로서 명랑, 생동감, 즐거움 등의 느낌을 준다. 또한 가장 이상적인 노랑인 황금색은 황금, 돈 등을 상징하여 부와 권위, 풍요로움을 나타내기도 한다. 안전색채에서는 '주의'의 뜻을 가지고 있다. 노랑과 검정의 줄무늬로 된 색채는 명시도가 가장 높아, 시각적 주목성이 높다. 동양의 방위 색에서도 노랑은 중앙과 대지를 나타내고 있다. 심리적으로 노랑은 자신감과 낙천적인 태도를 갖게 하며, 새로운 아이디어를 얻도록 도움을 준다.

연두

연두색은 휴식이나 편안함을 느끼게 하고 신선함을 갖게 한다. 봄이나 초여름의 자연을 상징하며, 새싹, 어린이, 자연 등의 이미지도 갖고 있다. 치료효과 면에서는 위안이나 피로회복 등을 나타내고 있다. 심리적으로 연두는 스트레스를 해소시켜 주며, 정신의 평화를 갖게 한다.

초록

노랑과 파랑의 혼합색인 초록의 색이 주는 온도감에서는 중성색에 속하므로 강렬한 느낌보다는 중성적인 느낌을 전달하게 되며, 가장 친근한 색으로 전개될 수 있다. 안전색에서는 초록이 안전과 진행 및 구급, 구호의 뜻을 가졌으며, 대피장소와 방향, 비상구, 구급상자, 보호기구상자, 구호소 등의 표지로 활용되고 있다. 심리적으로 초록은 스트레스와 격한 감정을 차분하게 도와주며, 균형을 잡아주는 역할을 한다.

파랑

파란색은 전 세계적으로 기호도가 가장 높은 색으로 상쾌함, 신선함, 물, 차가움 등을 나타낸다. 또한 냉정, 신비로움을 느끼게 한다. 또한 한색의 대표적인 색으로 차가운 느낌과 진정적인 효과를 보게 되므로, 심신의 회복력과 신경계통의 색으로도 사용되고 있다. 심리적으로 불면증을 완화시키며, 명료성, 창조성을 증가시켜 준다.

남색

남색은 파랑계통의 느낌을 가지면서도 좀 더 깊고, 차가운 물을 연상케 된다. 신경계통과 눈의 피로 회복에 사용된다. 심리적으로 정신병 치료에 효과적이며, 두려움을 해소시키는 진정제 역할도 하게 된다.

보라

빨강과 파랑이 혼합된 색으로서 우아함, 화려함, 풍부함, 고독, 추함 등의 다양한 느낌을 갖고 있다. 예로부터 왕실의 색으로도 사용된 보라색은 품위 있는 고상함과 함께 외로움과 슬픔을 느끼게도 한다. 중성색인 보라색은 예술감, 신앙심을 자아내기도 하며, 푸른 기운이 많은 보라는 장엄함, 위엄 등의 깊은 느낌을 주며, 붉은색 기운이 많은 보라는 여성적, 화려함 등을 나타낸다. 심리적으로 보라는 쇼크나 두려움을 해소하고, 불안한 마음을 정화시켜 주는 역할을 하며, 정신적인 보호 기능을 한다.

자주

자주색은 빨강과 보라의 중간색으로서 신비, 환상, 애정, 사랑, 성 등의 이미지를 지니고 있다. 또한 우울증이나 저혈압 등을 상징하기도 하며, 술이나 창조적인 부분도 포함하고 있다. 신비하고, 여성적인 부드러움을 강조할 때 많이 사용되는 색이다. 심리적으로 자주나 마젠타는 실망감에서 벗어나게 해주며, 정신적으로 의지할 수 있게 한다. 나른하게 만든다거나 새로운 도전을 거부하는 등의 부정적인 측면도 있다.

갈색

갈색은 빨강, 노랑, 파랑 등의 여러 색의 혼합으로 만들어지는 중성색이다. 자연적이며, 친화적인 느낌을 주는 갈색은 흔히 볼 수 있는 흙이나, 낙엽, 나무, 돌 등에서 찾아볼 수 있다. 원색이나 순색에서와 같은 강렬함은 없지만 오래 두고 봐도 편안하게 볼 수 있는 장점을 가지고 있다. 갈색은 실제 혼합색을 사용하기도 하지만 원목가구, 무늬목 등과 같이 실제 재질을 사용하는 것이 더 자연스럽다. 심리적으로 감정에 대한 억압이나 두려움을 완화시켜 준다.

흰색

흰색은 모든 빛을 반사하며, 아무런 색도 없는 무색이다. 흰색은 무채색 중에서 가장 밝기 때문에 숭고, 순결, 단순함, 순수함, 깨끗함 등의 느낌을 가지게 된다. <백의민족>이라 하며 우리 민족을 대표하는 색으로도 말하고 있는 흰색은 색 온도에서는 차가운 느낌을 가지게 된다. 심리적으로 흰색은 감정이나 사고를 정화시켜 주는 역할을 하며, 해방감을 준다.

회색

회색은 흰색과 검은색의 중간색으로서 세련된 느낌과 더불어 애매모호한 성격을 나타내기도 한다. 은색이나 은회색 같은 밝은 회색은 지성, 고급스러움, 효율성 등을 나타내며, 어두운 회색은 침울, 성숙, 진지함, 퇴색 등의 의미를 지니고 있다. 심리적으로 독립성, 자기 통제력이 강한 느낌을 전달하는 회색은 외부와의 고독을 나타내며, 자기 비판의식도 가져오게 된다.

검정

검은색은 모든 빛을 흡수한 색이다. 검은색은 무거움, 두려움, 암흑, 공포, 죽음 등을 나타낸다. 또한 권위를 상징하기도 하므로, 종교적인 성직자, 수녀 등과 지배자, 간부 등과 같은 사람들의 색으로도 사용되며, 죽음을 애도하는 색으로도 사용된다. 검은색을 유채색과 함께 사용하게 되면 보다 뚜렷하게 부각되는 결과를 얻을 수 있다. 심리적으로 검정은 편안함과 보호감, 신비감을 준다.

2) 계절별 색채

봄

봄은 만물이 태어나는 계절이다. 봄은 노랑, 연두와 같이 신선하고, 밝고, 맑은 색들이 대부분이다. 또한 연분홍, 연파랑, 연보라 등의 파스텔 톤도 봄의 부드러움과 가벼운 느낌을 표출할 수 있다.

여름

여름은 가장 화려한 색채로 표출된다. 뜨거운 태양, 진초록의 숲, 파란 하늘 등 높은 채도의 색들로 가득하다. 빨강, 청록, 파랑 등 강렬한 원색은 여름을 상징하게 된다. 특히 보색대비에 의한 색채가 가장 두드러지게 나타나게 된다. 여름에는 시원하게 보이는 파랑계통의 색채가 주류를 이루고 있으며, 흰색도 많이 사용되고 있다. 의상이나 광고 등에서도 가장 강렬한 색채를 볼 수 있다.

가을

가을은 봄여름과 대조를 이루게 된다. 자연은 단풍으로 물들고, 시간이 지나며 낙엽으로 떨어진다. 대표적인 색채는 오렌지색, 황금색, 황갈색 등으로 표현된다.

겨울

겨울은 춥고, 어두운 계절이다. 가장 특징적인 색채는 한색계통이며, 흰 눈을 상징하는 은백색, 밝은 회색 등이 사용된다. 패션이나 광고를 보면 겨울에는 계절의 상징 색과는 다르게 따뜻하고 포근함을 주는 난색이 사용되는 경우가 많은데, 추운 겨울을 반대의 색을 통해서 따뜻하게 보내기 위한 심리적 결과라고 할 수 있다.

3) 색의 연상표(일본색연구소, 1965)

빨강, 파랑, 하양, 검정과 같은 명확한 색은 연상어가 많은 경향을 보인다.

<표 Ⅰ-2> 색 자연물 연상

색상	빨강	노랑	초록	파랑	보라	하양	검정
연상어	태양	레몬	소나무 잎	하늘	나팔꽃	벽	타이어
	피	해바라기	피망	물	제비꽃	분필	턱시도
	불꽃	옥수수	산	바다	보석	셔츠	한밤중
	공산국가	귤	풀	가을 하늘	포도	구름	그을음
	네온	유채꽃	산속	심해	붓꽃	치아	까마귀
	장미	아동의 우산	잔디	청량음료	라일락	간호사	눈동자
	우체통	빛	멜론	여름	가지	시트	밀실
	딸기	깃발	개구리	청년	증기	병원	펜
	소방차	계란 노른자	오이	하와이		흰 가운	석탄
	샐비어	은행나무	목장	열대어		웨딩드레스	숯
	오뚝이	안전지대	칠판	우주		창호지	
	투우사	바나나	녹색 어머니	풀장		구급차	
	화재	금	테니스공	아침		석고	
	스포츠카	국화		호수		종이	
	사과	달				두부	
	립스틱	벼					
	토마토	카레					

● 색의 느낌

  심리란 사전적인 풀이로 마음의 상태와 의식의 현상을 뜻하는데 색에 따른 심리적인 효과는 시각적 효과처럼 실제와 다르게 보이는 즉각적인 반응이 아니라 색의 자극을 통해 감정의 변화를 일으키는 경우를 말한다. 색은 사람의 심리를 자극하거나 사람의 호르몬과 혈압, 체온에까지 영향을 주기 때문에, 색의 심리적 효과를 잘 응용한 배색은 쾌적한 환경을 만드는 데 도움이 된다.

온도와 색채

  빨강은 뜨거운 태양이나 이글거리는 불을 상징하고, 남색은 차갑고 심오한 바다를 연상케 한다. 이렇듯 색채는 그 색상에 따라 따뜻한 느낌을 주거나 차가운 느낌을 주며, 이런 심리적 작용을 색에 따른 온도감이라고 할 수 있다. 온도감은 빨강, 노랑과 같은 난색계통은 따뜻한 느낌을 주고, 파랑, 남색과 같은 한색 계통은 차가운 느낌을 주는 것을 예로 들 수 있다. 인공조명에서 텅스텐 등의 빛은 따뜻한 느낌, 형광등 빛은 차가운 느낌을 준다.

〈그림 Ⅰ-23〉 따뜻한 느낌의 인테리어

〈그림 Ⅰ-24〉 피카소
〈The Blind Man's Meal〉

무게 판단과 색채(색의 경중감)

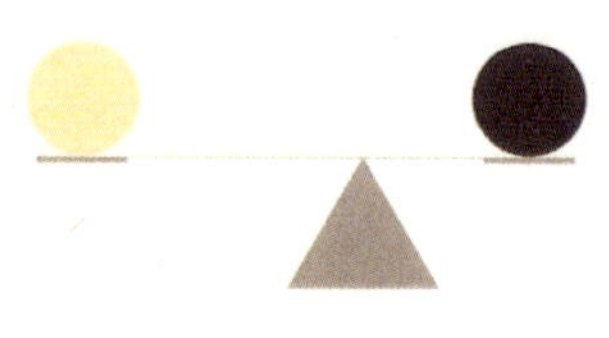

〈그림 Ⅰ-25〉 색의 경중감

〈그림 Ⅰ-26〉 부드럽고 귀여운 느낌의
아기용품

금속과 같이 어두운 색으로 되어 있는 물체는 무거워 보이고, 솜과 같이 밝은 색으로 되어 있는 물체는 가볍게 느껴진다. 이렇게 색에서 느껴지는 무게감에 가장 큰 영향을 주는 색의 속성은 명도이다. 명도가 높은 밝은 색이나 난색은 가벼운 느낌을 주게 되며, 명도가 낮은 어두운 색이나 한색 등은 무거운 느낌을 준다.

크기 판단과 색채

뚱뚱한 사람이 밝은 노랑의 옷을 입으면 더 뚱뚱하게 보이며, 청색 계통의 어두운 옷을 입으면 조금은 날씬해 보인다. 색에서도 팽창과 수축 등의 크기 정도를 느낄 수 있는데, 팽창과 수축은 색의 명도와 채도에 영향을 받는다. 그러므로 동일한 물체라도 밝고 맑은 색은 크게 보이며, 어둡고 탁한 색은 수축되어 보인다. 온도감에서는 난색이 팽창, 한색이 수축되어 보인다.

거리 판단과 색채

〈그림 Ⅰ-27〉 색의 팽창과
수축　　　〈그림 Ⅰ-28〉 색의
진출과 후퇴

　　아주 좁은 방을 흰색으로 칠하면 밝게는 보이지만 흰색의 진출하는 성
질 때문에 좁아 보이게 된다. 반대로 밝은 청색을 칠하면 청색의 수축현
상으로 인해 조금은 넓게 보이게 된다. 이러한 거리 판단 심리는 색의 색
상과 명도에 영향을 받게 된다. 그러므로 같은 거리에 있는 색채자극은
그 색채에 따라 가깝게 또는 멀게 느껴지게 된다. 가까이 보이는 색을 진
출색, 멀리 보이는 것을 후퇴색이라 한다. 채도와 명도가 높은 색은 보다
확대되어 보이며, 채도와 명도가 낮은 색은 후퇴되어 보인다. 색상에 따
라 서로 달라지는데 난색계통은 진출, 한색계통은 후퇴되어 보인다.

색과 선호도

　　색의 선호 유형에서는 같은 색일지라도 연령, 학력, 인종, 성격, 집
단, 민족, 국가 등의 환경적인 요인에 따라 매우 다르게 나타나고 있
다. 마케팅이나 색채 디자인에서는 보편적인 색채 선호 유형을 기준
으로 삼고 있다.

일반적인 선호색

색의 선호도는 개인, 연령, 문화적 영향 및 구체적 대상에 따라 차이가 크게 나타난다. 일반적인 선호도 조사에 의하면 그 결과는 파랑, 빨강, 초록, 보라, 주황, 노랑 순으로 나타나고 있다.

연령별 선호색

유아와 어린이의 경우에는 자신들의 눈에 띄는 색, 예뻐 보이는 색에 관심을 갖는다. 그 결과 분홍, 노랑, 주황, 빨강 등에 높은 기호를 나타내고 있다. 성인이 되면서 장파장의 색보다는 단파장의 색상인 청색계열의 색을 선호하게 된다.

남성은 파랑과 청록색을 가장 선호하며, 초록, 검정, 오렌지 순으로 기호도가 나타난다.

여성은 난색인 주황과 중성색인 보라를 가장 선호하며, 빨강, 핑크, 자주색의 선호도 높게 나타난다. 노년기에 접어들면 차분하고, 연한 색을 선호하지만 빨강, 초록과 같은 원색을 좋아하기도 한다. 또한 사회적인 지위가 올라갈수록 차분한 색을 선호하는 경향을 보인다.

지역적 선호색

자연환경에 따라서도 색 선호에 차이를 보이는데, 햇빛이 풍부한 곳에서 사는 사람들은 따뜻하고 생생한 색을 선호하는 경향이 있고, 햇빛이 비교적 적은 곳에 사는 사람들은 차갑고 부드러운 색을 선호하는 경향이 있다. 대부분의 사람들은 추운 계절보다 봄처럼 따뜻하고 밝은 계절과 가볍고 밝은 색을 더 좋아한다.

Chapter 02

동서양의 색채

1. 동양의 색채

1) 동양의 색 의식

각각의 나라는 자연·지리적 환경, 풍습, 문화로 인해 독창적으로 발전했으며 색채의식 또한 마찬가지이다. 동양인의 색채의식은 크게 두 가지로 나누어 생각할 수 있는데 첫 번째는 정신적인 색인 오방색으로, 이는 음양오행설을 기반으로 하고 있다. 두 번째는 일상의 색인 백색(白色)과 무채색(無彩色)이며, 이는 유교와 태양을 숭상하던 민속신앙(民俗信仰)의 영향을 받았다. 한국인은 색채를 관념적으로 보았으며 색채를 우주 만물의 질서와 조화를 나타내는 수단으로 보았다. 즉 전통색채(傳統色彩)는 감정이나 감각을 표현하는 것이 아니라 음양오행사상이나 자연주의사상에 기초하였다.

음양오행은 중국을 중심으로 한 동양 문화권에서 우주인식과 사상체계의 중심이 되어온 원리로서 우주의 본원에는 음(陰), 양(陽)의 두 기(氣)가 있고, 천지 만물은 이 두 개의 기로 이루어졌다는 역학적 이론과 천문학적 철학으로 설명된다. 무극에서 음과 양의 기운이 생겨나 하늘과 땅이 되고 다시 음양의 두 기운이 다섯 가지 원소를 생산하였는데, 이것이 목, 화, 토, 금, 수의 오행이다. 그리고 이 오행에 상응하는 오색은 청, 적, 황, 백, 흑이다.

화(火), 수(水), 목(木), 금(金), 토(土)의 오행은 운행(運行)함에 있어서, 서로 조화를 이루는 일과 서로 충돌하는 일이 생기는데 그것이 상생상극(常生相剋)이다. 다시 말하면 오행은 따로 떨어져서 존재하기도 하지만 서로에게 영향을 끼쳐 도움을 주기도 하고, 물리치기도 하고, 낳아주기도 하며 극(剋)하기도 하는데, 이와 같이 물고 물리며 주고받는 관계를 가지는 것이다. 이에 따라 오행에는 오색이 따르고 방위가 따르는 것이다. 오행의 상징적인 동물로 동-청룡, 서-백호, 남-주작, 북-현무가 있다.

상생(常生)

- 목생화(木生火): 나무는 불을 살아나게 하고(또한 태양이 나무를 자라게 함)
- 화생토(火生土): 불은 흙을 기름지게 하고(얼어붙은 땅을 녹여줌)
- 토생금(土生金): 흙에서 쇠가 나오며(여러 광물)
- 금생수(金生水): 쇠는 물을 모으고(담을 수 있고/양질의 물은 바위틈에서 나오는 것임)
- 수생목(水生木): 물은 나무를 자라게 한다.

상극(相剋)

- 목극토(木剋土): 나무는 흙을 파헤치고
- 토극수(土剋水): 흙은 물을 흡수하며
- 수극화(水剋火): 물은 불을 꺼지게 하고

· 화극금(火剋金): 불은 쇠를 녹이며

· 금극목(金剋木): 쇠는 나무를 자른다.

  중앙과 사방을 기본으로 삼아 오방이 설정되며, 색상 또한 오방이
주된 골격을 이루고 있는 양의 색으로써 오색을 기본색으로 배정하
고, 오방색 사이사이에 위치한 녹색, 벽색(짙은 푸른색), 홍색, 유황색,
자색을 오간색이라고 한다. 시각적 체험으로의 반응보다는 관념화되
고 지식화되어 있는 우리 민족의 의식화된 색 사용과 색 보기인 오방
색에 대해 알아보자.

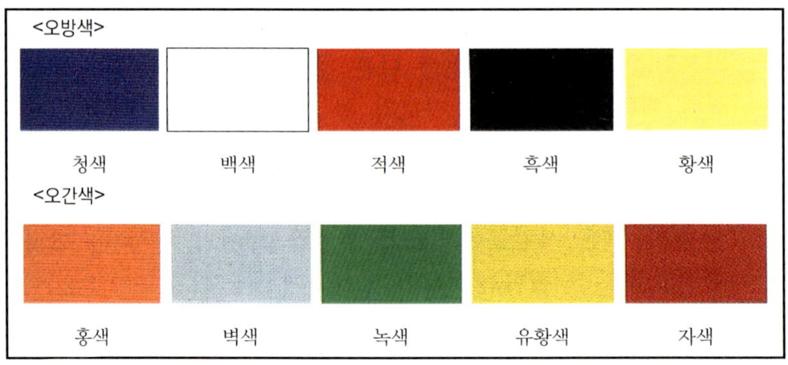

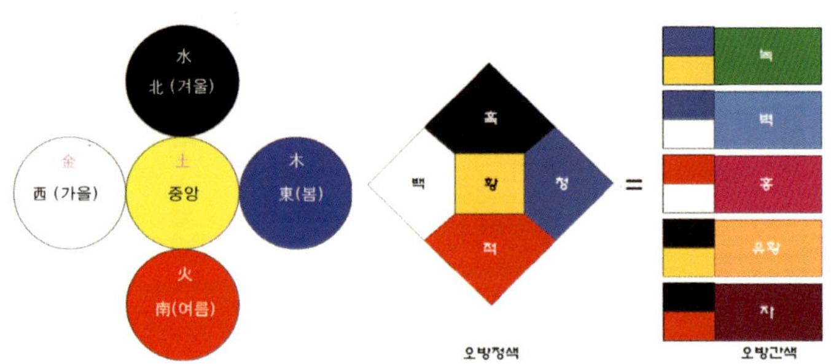

〈그림 Ⅱ-2〉 오방정색과 오방간색

2) 동양의 색 상징

황색(黃色)

황색은 예로부터 신비로운 색으로 신성시되어 왔다. 이는 황색에 황금색의 개념이 포함되어 있기 때문에 금을 귀한 것으로 숭상하는 인간의 마음에서 시작된 것이다. 황색은 오색의 중심이고 방위로는 중앙(中央)에 해당하며 4계절에 모두 연관되어 있다. 우주의 중심에 해당하므로 오색 중 가장 고귀한 색으로 인식되어 천자(天子)를 상징하는 색으로 나라 최고의 통치자인 황제만이 황색 옷을 입을 수 있었다. 오행(五行) 중 토(土)이며, 모든 것을 포함하고 조화롭게 만드는 땅을 상징한다. 경험을 통해 얻은 지혜를 상징하며 오상(五常)에 따라 믿음을 관장하는 색이다. 인간의 믿음(信)을 관장하고 조화를 대표하며, 오장의 비장, 오관의 몸, 오미의 단맛, 오음의 궁에 해당한다.

청색(靑色)

청색은 백색과 함께 우리 민족이 가장 선호하는 색으로 유교적 금욕주의에 의한 정신적이며 고결한 색의 상징으로 여겨져 왔다. 또 우리나라가 지리적으로 동쪽에 자리 잡고 있어서 동이족이라 불렸음을 비추어보거나 우리나라를 가리켜 청구(靑丘)라 이르기도 한 것을 볼 때 민족적으로 오랜 기간 청색을 선호하고 애용한 것이 잘 드러난다. 아울러 청색은 고구려와 백제, 신라의 복색제도에서 모두 찾아볼 수 있는 보편적인 색채로 음양오행의 상징성 외에도 우리 고유의 민속적인 상징성을 지니며 사용되기도 한다. 우리나라에서는 녹색도 청색의 범주에 포함되어 통상 "파랗다"라는 단어로 칭해진다. 이러한 점에서 녹색과 청색의 이미지가 일맥상통하는 점이 많은 이유이기도 하다.

청색은 '푸르다'라는 뜻으로 남색, 옥색, 청옥색, 심청색, 감색 등의 범위로 사용된다. 방위로는 동쪽에 계절로는 봄에 해당한다. 오행 중에는 목(木)으로, 하늘과 무성한 식물, 물 등을 상징하는 색으로 해가 떠오르는 동방(東方)에 해당되고 만물이 생성하는 봄의 색인 까닭에 청색은 청정(淸淨)한 생명을 상징하며 양기가 왕성한 색으로 간주되었다. 따라서 적색과 함께 나쁜 기운을 물리치고 복을 기원하는 색으로 주로 사용되었다. 성과(成果)로는 발생에 속하며, 인간의 선함(仁)을 관장하는 색이다. 오장의 간장, 오관의 눈, 오미의 신맛, 오음의 각과 연관되어 있다. 청색은 샤머니즘 의례에서 양기성의 길색으로 진경(進慶), 초복(招福)을 상징하고, 적색과 음양의 대비로 남녀를 의미한다.

적색(赤色)

적색은 크게 홍색계과 자색계로 구분하고 있다. 홍색은 조선시대 역대 왕의 곤룡포, 문무 관리의 단령, 금관저복, 동다리, 왕비의 원삼, 스란치마 등에 사용되었다. 홍색의 염료인 홍화, 소목 등의 값이 비싸고 사치가 심하므로 여러 번 금제가 내려졌던 색이기도 하다. 세종 때에는 대홍염의 외의는 조신들이 입지 못하게 하고 양반부녀의 외의와 서인, 천인남녀 내·외의에도 대홍색을 쓰지 못하게 하였다.

또한 붉은색은 중국에서 특히 선호하는 색으로 도장을 찍는 인주, 동전의 이름에도 쓰였고 공적이 있는 공신에게는 천자로부터 집의 대문을 적색으로 칠할 수 있는 허락을 받았으며 효자문이나 열녀문에도 붉은 칠을 했다.

적색은 방위로는 남쪽 오행 중 여름에 해당된다. 오행 중에서 화(火)로서 태양, 불, 피 등을 상징하는 색이다. 온화하고 만물이 무성한 남방(南方)에 해당되고 태양, 불, 피, 원기, 명성 등과 같이 생명력이 충만한 색이므로 가장 강렬한 양의 색으로 인식되었다. 적색은 중국인이 가장 상서롭게 생각하며 우리나라에선 흰색 다음으로 민족에 깊게 밀착되어 있는 색이다. 성과(成果)로는 성정에 속하며 인간의 예(禮)를 관장한다. 오장의 심장, 오관의 혀, 오미의 쓴맛, 오음의 치에 각각 해당된다. 샤머니즘 의례에서도 적색은 흉사와의 투쟁에서 양기로써 생명을 지켜낸다는 듯으로 역병퇴치, 무병장수의 임무로 가장 빈번하게 등장한다.

백색(白色)

예로부터 한국인은 자신의 감정을 드러내는 것을 점잖지 못한 것으로 여기며 본능을 억제하는 것을 덕목으로 여겨왔다. 감정을 억제하지 못하고 얼굴이 붉으락푸르락하는 것은 부도덕하다는 의식에서 유채색, 즉 색이 있음을 금기시하며 무채색 지향의 성향을 보여주고 있다.

흰색은 소색이라 불리어지기도 하며 방위상으로는 서쪽에 계절로는 가을에 해당된다. 흰색은 빛을 상징하며 태양을 숭배하는 민족은 모두 흰색을 신성하게 여겼다. 또한 흰색은 순결, 청렴(淸廉) 등을 상징하며 우리 민족의 심성과 기질에 부합되어 한민족의 대표 색으로 일컬어졌다. 백색은 모든 것의 시작과 끝이란 의미에서 자연에 귀착하는 것, 자연과의 동화를 의미하며 음양상으로는 음에 해당하며 길례보다는 흉례에 사용되었고, 재생의 의미로 쓰이기도 한다. 오행 중 금(金)에 해당되며 성과는 수학에 속하고, 인간의 의리(義)를 관장하며 오장의 폐장, 오관의 코, 오미의 매운맛, 오음의 상에 해당된다. 샤머니즘에서는 하늘의 보호를 받을 수 있는 수호신에게 칠하여져 사흔을 막는 역할을 상징하는데, 주로 흑색과의 대비로 선(善)의 뜻을 부각시켜 권선징악적인 면을 두드러지게 한다.

백색은 모든 것의 시작이요 끝이란 의미에서 자연에 귀착하는 것, 곧 자연과의 동화를 의미하며 음양상으로는 태양이 지는 곳으로 음에 해당하며 길례보다는 흉례에 사용되었고, 재생의 의미로 쓰이기도 한다.

신화적으로 흰색은 출산과 서기(瑞氣)를 상징하며 상서로운 징조를 표상하고 있다. 또한 신화에서 하늘과 관계있는 흰 기운과 흰 새, 흰 동물이 등장하는 것은 하늘의 뜻을 받은 왕이라고 믿는 우리 민족의 신화적 의지가 숨어 있기 때문이다.

한국에서 흰색은 여백과도 일맥상통한다. 인공적인 흰색이 아닌 자연 그대로 본바탕을 살린 '여백의 미'는 한국의 대표적인 아름다움이다. 김홍도의 <씨름>에서는 인물들이 입고 있는 흰 무명옷과 여백을 통해 한국적 미를 표현하고 있다.

흑색(黑色)

흑색은 방위로는 북쪽에 계절로는 겨울에 속한다. 오행 중 수(水)로서 위에서 아래로 흘러가고 스며들기를 좋아하는 물과 같은 성질을 가지고 있다. 예로부터 갓, 먹, 숯 등을 통해 검은색은 선비의 기품이자 상징이었다. 소생을 상징하며 동시에 만물의 흐름과 변화를 뜻한다. 빛을 전혀 반사하지 않아서 예부터 주로 부정적인 느낌으로 밤, 죽음, 죄악, 슬픔, 불의등의 상징으로 쓰였으며, 시각적으로 소극적인 색이다. 성과(成果)로는 저장에 속하고, 인간의 지혜를 관장하며 은밀하고 현묘함을 좋아한다. 오장의 신장, 오관의 귀, 오미의 짠맛, 오음으로는 우에 해당된다. 샤머니즘 의례에서도 음기 색으로 부정적인 측면만이 부각되어 오방기의 흑색을 녹색으로 대신 쓰고 있다. 조선시대 궁중에서는 음의 색으로 사용을 꺼렸으나 민간에서는 전복, 벙거지, 복건, 신부의 도투락댕기, 제복에 흑색이 사용되었던 것을 볼 수 있다.

〈표 Ⅱ-1〉 한국 전통 표준 색명 및 색상 제2차 시안(국립현대미술관, 1992)

	빛	색 이름	Munsell	RGB	CMYK	#16진수
황색계黃色界		황색(黃色)	6.4Y 8.4/10.3	244 220 74	2 14 80 0	#F4DC4A
		유황색(유黃色)	1.2Y 7.7/7.3	238 196 118	5 27 60 1	#EEC476
		명황색(明黃色)	2.5GY 8.3/12.0	216 226 0	15 3 96 0	#D8E200
		담황색(淡黃色)	7.2Y 9.2/3.2	250 241 194	2 5 30 0	#FAF1C2
		송화색(松花色)	2.0GY 9.0/7.0	238 241 141	7 0 57 0	#EEF18D
		자황색(赭黃色)	4.0Y 7.8/9.2	236 202 86	5 23 75 1	#ECCA56
		행황색(杏黃色)	5.6YR 7.4/9.2	253 179 109	0 36 62 0	#FDB36D
		두록색(豆綠色)	4.0Y 8.0/4.6	228 209 152	11 17 45 1	#E4D198
		적황색(赤黃色)	4.3YR 7.0/12.0	255 163 75	0 36 70 0	#FFA34B
		토황색(土黃色)	6.9YR 5.8/7.6	201 143 83	16 49 71 6	#C98F53
		지황색(芝黃色)	4.0Y 7.5/7.4	224 195 105	10 24 67 2	#E0D369
		토색(土色)	9.3YR 5.3/5.4	174 136 88	24 43 65 15	#AE8858
		치자색(梔子色)	4.7Y 8.2/8.4	242 213 105	4 18 68 1	#F2D569
		홍황색(紅黃色)	7.7R 7.0/5.7	230 171 159	8 40 29 1	#E6AB9F
		자황색(紫黃色)	7.6YR 6.4/3.2	193 165 140	23 34 41 6	#C1A58C
		금색(金色)	–	–	–	–
청록색계靑綠色界		청색(靑色)	6.8PB 3.3/9.2	70 91 153	85 61 9 4	#465B99
		벽색(碧色)	2.7PB 5.7/10.7	70 158 222	74 22 0 0	#469EDE
		천청색(天靑色)	1.2PB 6.9/7.1	134 188 227	54 10 2 1	#86BCE3
		담청색(淡靑色)	9.2B 5.5/7.3	82 155 192	71 17 11 7	#529BC0
		취람색(翠藍色)	5.9BG 7.0/6.7	104 199 193	60 0 31 0	#68C7C1

	빛	색 이름	Munsell	RGB	CMYK	#16진수
청록색계靑綠色界		양람색(洋藍色)	0.6P 5.2/11.0	146 129 205	54 49 0 1	#9281CD
		벽청색(碧靑色)	5.4PB 4.9/8.5	99 133 188	70 44 0 0	#6385BC
		청현색(靑玄色)	5.3PB 3.8/5.5	86 106 142	69 43 15 22	#566A8E
		감색(紺色)	5.5PB 3.2/5.2	73 92 127	73 46 15 29	#495C7F
		남색(藍色)	2.2P 3.2/8.0	106 80 137	69 70 12 7	#6A5089
		연람색(軟籃色)	3.6P 4.1/8.9	132 100 159	58 63 4 3	#84649F
		벽람색(碧籃色)	8.7PB 5.3/5.9	138 139 180	53 40 7 4	#8A8BB4
		숙람색(熟籃色)	3.2P 3.6/5.0	112 94 130	57 56 16 21	#705E82
		군청색(群靑色)	7.8PB 3.1/3.5	85 87 114	64 50 21 33	#555790
		녹색(綠色)	0.1G 5.2/6.2	104 151 100	58 18 68 13	#689764
		명록색(明綠色)	1.6G 6.3/10.3	80 186 110	65 0 74 0	#50BA6E
		유록색(柳綠色)	0.1G 5.7/8.4	100 167 94	61 13 77 4	#64A75E
		유청색(柳靑色)	7.7GY 6.0/9.0	122 173 76	53 13 85 4	#7AAD4C
		연두색(軟豆色)	6.6GY 8.5/8.4	198 234 130	23 0 62 0	#C6EA82
		춘유록색(春柳綠色)	5.2GY 8.7/5.3	220 234 162	16 0 48 0	#DCEAA2
		청록색(靑綠色)	2.3BG 5.6/7.8	0 166 149	80 7 51 1	#00A695
		진초록색(眞草綠色)	8.0G 5.5/7.5	55 163 134	75 11 57 3	#37A386
		초록색(草綠色)	0.1G 6.0/8.7	105 175 99	60 9 76 2	#69AF63
		흑록색(黑綠色)	1.1BG 4.2/3.4	83 123 114	65 25 46 25	#537B72
		비색(翡色)	3.2BG 7.2/5.4	131 202 189	53 0 33 0	#83CA8D
		옥색(玉色)	9.0BG 8.0/4.6	158 220 221	40 0 16 0	#9EDCDD
		삼청색(三靑色)	7.4PB 4.6/9.7	107 122 187	69 47 0 0	#6B7ABB
		뇌록색(磊綠色)	5.3BG 4.6/5.4	57 136 133	76 20 44 15	#398885
		양록색(洋綠色)	5.1G 6.4/9.1	65 188 143	69 0 58 0	#41BC8F
		하엽색(荷葉色)	9.5GY 3.7/3.6	86 109 82	58 30 62 35	#566D52
		흑청색(黑靑色)	5.7PB 5.0/3.2	127 135 155	53 36 21 13	#7F879B
		청벽색(靑碧色)	3.6PB 6.0/6.0	132 162 198	55 25 7 3	#84A2C6
무채색계無彩色界		백색(白色)	N 9	236 235 235	9 6 6 0	#ECEBEB
		흑색(黑色)	N 1	44 44 44	62 51 50 69	#2C2C2C
		회색(灰色)	0.2GY 5.7/0.4	154 153 148	41 31 34 9	#9A9994
		구색(鳩色)	7.0PB 7.0/0.4	185 184 187	31 22 20 2	#B9B8BB
		치색(緇色)	5.4RP 4.4/0.2	123 120 121	49 40 37 21	#7B7879
		연지회색(臙脂灰色)	9.5P 5.0/2.0	145 132 142	43 41 27 14	#91848E
		설백색(雪白色)	6.2G 8.8/0.5	226 231 228	14 5 10 0	#E2E7E4

	빛	색 이름	Munsell	RGB	CMYK	#16진수
무채색계 無彩色界		유백색(乳白色)	8.0Y 9.0/2.0	242 236 205	6 6 23 0	#F2ECCD
		지백색(紙白色)	6.0Y 9.0/1.3	241 235 216	7 7 17 0	#F1E8D8
		소색(素色)	1.3Y 8.4/2.7	236 218 187	8 15 28 0	#ECDABB
자색계 紫色界		자색(紫色)	6.7RP 3.3/8.2	144 68 100	30 75 24 26	#904464
		자주색(紫朱色)	4.7RP 3.6/10.3	158 69 116	34 79 19 13	#9E4574
		보라색(甫羅色)	0.5RP 4.4/13.4	180 85 162	36 74 0 0	#B455A2
		홍람색(紅藍色)	5.7P 3.8/8.6	132 91 146	56 67 8 6	#845B92
		포도색(葡萄色)	0.6RP 3.0/6.0	116 73 108	49 68 19 28	#74496C
		청자색(靑磁色)	1.5P 3.4/14.2	118 73 173	71 33 0 0	#7649AD
		벽자색(碧紫色)	7.0PB 6.0/9.0	140 158 217	53 32 0 0	#8C9ED9
		회보라색(灰甫羅色)	3.6P 6.0/7.0	173 152 197	38 41 0 0	#AD98C5
		담자색(淡紫色)	6.4P 6.0/4.0	173 154 177	35 37 12 5	#AD9AB1
		다자색(茶紫色)	9.7R 2.7/2.2	99 74 70	44 57 51 44	#634A46
		적자색(赤紫色)	7.6RP 5.6/8.0	203 129 148	17 57 19 5	#CB8184
적색계 赤色界		적색(赤色)	7.5R 4.8/12.8	214 90 72	9 78 71 1	#F15A48
		홍색(紅色)	0.2R 5.2/15.0	234 87 123	0 79 25 0	#EA577B
		적토색(赤土色)	6.8R 4.2/9.7	181 87 77	21 75 64 10	#B5574D
		휴색(髹色)	7.0R 3.4/4.8	134 83 78	30 63 51 33	#86534E
		갈색(褐色)	2.7YR 5.0/4.5	169 126 105	26 48 50 16	#A97E69
		호박색(琥珀色)	5.2YR 6.0/8.8	215 145 82	12 51 72 2	#D78F52
		추향색(秋香色)	3.3YR 6.0/6.0	204 148 115	16 46 51 5	#CC9473
		육색(肉色)	9.4R 5.7/8.9	216 130 102	11 59 56 2	#D88266
		주색(朱色)	8.4R 6.0/11.7	240 129 98	0 62 58 0	#F08162
		주홍색(朱紅色)	3.0R 6.2/13.0	253 126 132	0 60 35 0	#FD7E84
		담주색(淡朱色)	2.6YR 7.5/9.0	255 178 128	0 36 51 0	#FFB280
		진홍색(眞紅色)	4.8RP 4.5/5.2	156 110 129	33 55 23 17	#9C6E81
		선홍색(鮮紅色)	3.7RP 5.4/15.0	226 100 169	14 7 0 0	#E264A9
		연지색(嚥脂色)	8.5RP 5.4/12.0	222 109 139	8 70 19 1	#DE6D8B
		훈색(口色)	6.2RP 6.0/11.2	228 130 163	7 61 7 1	#E482A3
		진분홍색(眞粉紅色)	2.8RP 6.2/13.7	238 129 192	15 57 0 0	#EE81C0
		분홍색(粉紅色)	5.5RP 7.5/5.8	241 189 204	7 31 5 1	#EBBFCC
		연분홍색(軟粉紅色)	5.5RP 7.7/5.0	235 191 204	7 31 67 1	#D8634F
		장단색(長丹色)	7.5R 5.0/12.1	216 99 79	9 74 67 1	#D8634F
		석간주색(石間硃色)	2.2YR 4.2/6.4	160 101 73	25 60 66 22	#A06549
		흑홍색(黑紅色)	5.0RP 5.0/5.3	169 123 139	30 53 23 13	#A97B8B

2. 서양의 색채

1) 서양의 색 의식

서양에서 색채를 가지고 행하는 일은 신비주의자, 철학자, 성직자들의 지시를 받아야 했으며, 자신의 상상력과 자유로운 생각을 부여할 수는 없었다.

초기 그리스인들은 우주를 구성하는 네 가지 원소가 있다고 여겼는데 오늘날까지도 인정되고 있는 그 원소는 흙·불·물·공기이다. 아리스토텔레스는 "흙·불·물·공기와 같은 원소들의 색으로 적합한 것은 순색이다. 순수한 물과 공기는 순백색이며 불(그리고 태양)은 노란색이다. 그리고 흙의 원래 색은 흰색이다. 흙이 다양한 색조를 띠는 이유는 어떤 물질에 의해 착색되었기 때문이다. 재를 물들이고 있던 습기가 타서 없어지면 재가 흰색으로 변하는 것만 보아도 알 수 있다. 물론 재가 순백색으로 바뀌지 않는 것은 사실이지만, 그것은 연소 과정에서 검은 연기에 의해 물들여졌기 때문이다"라고 하였다. 이러한 관점은 수세기 동안 지속되었으며, 서양의 칸딘스키는 색채에 대한 학설을 발전시켰다. 그는 "색채는 기쁨, 만족, 안정 또한 자극을 전달할 수 있다. 색채는 심미적인 효과와 체험을 불러일으키는 것이며, 인간의 영혼에 직접 영향을 미치는 수단이다"라고 말하였다.

또한 색채의 아름다운 효과를 나타내기 위한 색채 조합론은 복잡하고 변화 많은 색상에 일정한 질서와 규칙을 제시하여 배색 간의 조화의 원리를 규명하였다. 가장 대표적인 것으로는 먼셀(A. H. Munsell)의 표색계가 있다. 서양의 색채 개념은 다양한 이론적 측면과 연구에 의해 과학적이고 합리적인 체계를 갖추어왔으며 표색계와 각종 색채에 관한 이론들을 이용하여 색채를 활용하고 있다(전세일·김선현, 2009).

2) 서양의 색 상징

검정(black)

검정은 명도가 가장 낮은 색으로 다른 색채로 된 동일 면적에 비해 축소되어 보이며 상대적으로 후퇴해 보인다. 따라서 다른 색채로 된 동일 면적에 비해 축소되어 보인다. 모든 빛을 흡수하는 색으로 신비, 정숙, 엄숙성, 권위, 세련, 위엄, 슬픔, 후회를 나타낸다.

죽음의 이미지를 가지고 희망 없음을 의미하며 기분을 우울하게 하거나 좌절감에 빠지게 한다. 또한 비정, 절망, 비탄을 나타내는 색으로 빛이 없는 색, 비애, 상실, 굴욕, 악사, 치욕의 색으로 사용된다. 하지만 남성의 경우 상실한 것이나 부족한 것, 지위나 재물, 전문기능직을 암시하기도 한다. 흑색은 강함, 궁극적, 훌륭함, 전통적, 품격, 위엄, 아름다움, 중후, 남성적, 고급스러움, 고품질, 밤 등의 이미지를 전달한다.

또한 미의식을 높여주고 자기 내면을 통찰하게 하여 행동을 신중하게 하지만 반면에 기분을 우울하게 하고 행동을 느리게 하는 등의 부정적인 면도 보인다.

16세기 영국 왕실에서 상중에 검은색 옷을 입기 시작한 것이 기원이 되어 현재까지 서양에서는 검정이 상(喪)을 상징하고 슬픔을 표시하는 색이다.

빨강(red)

빨강의 가장 대표적인 상징은 불과 피로, 이는 시대와 문화의 차이를 막론하고 실존적인 의미를 갖는다. 빨강은 열정과 생명, 환희, 분노, 공격성, 흥분, 위험, 유혹, 에로스, 역동적, 적극적 등의 의미를 갖고 있다. 또한 매우 감성적이고 충동적인 색으로 맹렬, 투쟁, 위험, 정력 등을 의미하며 죄를 주홍(적색계) 같다고 비유하여 종교에서는 인간의 죄악을 상징한다. 붉은 화성은 공격적이고 전투적인 군신 '마르스(Mars)'를 따서 붙인 이름이며, 붉은 기는 혁명을 상징한다.

노랑(yellow)

서양에서 황색은 이중적인 이미지로 색 중에 가장 밝은 색이지만, 아주 적은 양의 검은색이나 회색 또는 녹색이 첨가되면 본래의 특성을 상실하여 부정적인 이미지, 질투, 배신, 의혹, 불신을 상징한다. 황색은 인류 역사상 극히 중요한 두 가지 현상 즉, 생명의 원천인 태양과 지상의 부의 척도인 금과 연결되어 문명개화를 상징한다.

삼원색이라도 적색은 감정, 청색은 정신, 황색은 지성을 나타낸다. 따라서 황색은 밝다는 감각과 이해, 지성을 상징하고 금처럼 고귀함과 존엄함을 암시한다.

흰색(white)

흰색은 빛의 색, 신의 색을 상징했다. 그래서 신전을 흰 대리석으로 만들고 신들을 흰색으로 표현했다. 또한 평등, 평화를 상징하여 백기, 흰 연, 흰 완장은 휴전, 굴복, 포획의 의미를 가진다. 흰색은 항상 순결과 무구, 청초의 상징으로 여성이 결혼할 때 순백의 웨딩드레스를 입는 이유이기도 하다. 이와 관련하여 청결하고 위생적인 환경의 색으로도 흰색이 사용된다.

심리적으로 흰색은 경량감이 가장 높은 색으로 청결함과 경쾌함을 느끼게 하므로 역동적인 스포츠의 경기장을 흰 선으로 그리거나, 흰 운동화 등에 많이 사용된다.

파랑(blue)

청색은 바다나 우주를 묘사할 때 많이 사용하는데 이는 서양의 감정 효과 면에서 시원한 느낌을 주는 한색으로, 차분하고 안정되며 드러내지 않는 성질을 갖고 있다. 또한 심리학적 연구를 보면 신진대사를 느리게 하여 근육을 이완시켜 명상과 휴식에 관련하는 색이다. 청색의 상징성은 색이 연상시키는 감정에서 나타난다. 청색은 호감, 조화, 우정의 색으로 가장 많이 언급된다.

청색은 여러 종교에서 하늘에 사는 신의 색으로 쓰인다. 청색이 백색의 색과 배치되면 최고의 가치를 상징하여 진실과 선, 영리함의 색조이다. 한색 계에 속하는 청색은 차가운 이미지를 지니며 오만을 상징하거나, 우울함을 의미하기도 한다. 서양의 색의 상징을 정리하면 다음과 같다.

〈표 Ⅱ-2〉 색채의 상징적 의미

색상	상징적 의미	
	긍정적인 의미	부정적인 의미
빨강 (red)	피(생명), 건강, 불(따뜻함), 태양, 온기, 열정, 감성적인, 진취적인, 애국심, 혁명, 예수, 자유, 활력, 행운, 에너지, 확장, 사랑과 결합, 속세의 권위	피(상처), 불(방화), 죽음의 고통, 상처, 찢어지는 감정, 광란, 전쟁, 무정부상태, 혁명, 위험, 악마, 할복자살, 공산주의, 사회주의, 분노, 폭력, 지배, 공격, 부끄러움, 당혹감
분홍 (pink)	애정과 사랑이 있으나 빨강과 같은 열정은 없으며, 아름다움과 신비로운 사랑, 부드러움과 섬세함의 상징, 아기, 젊은이	분홍이 많이 사용된 경우, 무방비 상태의 연약함과 그것의 누출에 따른 공포와 보호의 필요성을 시사
노랑 (yellow)	태양, 빛, 밝음, 자손의 번창, 확대, 지성, 뛰어남, 지혜, 고귀한, 곡식의 숙성, 직감, 힘, 보호색, 긍정적·적극적인 색, 명랑, 유쾌	배신, 비겁함, 악담, 순수하지 못한 사랑, 위험경고 표시, 독성 표시
녹색 (green)	채소 경작, 자연, 대지의 풍요, 동정심, 순응, 번창, 희망, 생명, 불사의, 젊음, 신선, 영혼의 회복, 지혜, 균형과 조화, 동정의 색, 부정적이거나 긍정적인 에너지를 조화롭게 만드는 힘을 지님, 희망, 평화, 개혁과 부흥을 의미, 자연의 기본 색, 봄, 화해, 위로자, 성령, 환경보호운동, 자기주장, 지속성, 고요함과 부드러움	죽음, 격노한, 질투, 경박한 도덕적 타락, 반목, 고아기, 재앙
파랑 (blue)	물, 대양, 하늘, 축제, 고요한 바다, 명상, 신선한 느낌, 헌신, 순수, 진실, 영원, 자애, 정의, 찬 느낌, 상실감의 치유, 재생, 형이상학적인 동경과 초월성, 정신적인 성격이 강함, 비현실성, 비물질적, 추상적, 영원성을 의미, 상냥함, 감정이입, 명상적인 사고, 신비스러움, 낭만, 순수함, 초현실성	폭풍이 치는 바다(어두운 파랑), 의심과 낙담
보라 (violet)	힘, 정령, 고귀한, 진실한 사랑, 충성, 절대적 지배력, 인내, 겸손, 향수, 기억, 집중력, 승화, 순교, 회개, 참회, 단식, 빨강과 파랑이 혼합된 색으로 자극과 억제를 동시에 지님, 신비스러움은 요술사, 마술사와 초감각적인 것의 상징, 직관적·감각적 이해화 상대와의 일치를 지향	사직, 비하, 애도, 갈등, 초조, 불만, 긴장, 불안, 슬픔과 고통을 상징, 마음이 갈팡질팡하는 미결정의 상태와 미분화의 경험
자주 (purple)	왕권, 권력, 위풍, 자존심, 진실, 정의, 절제, 겸허, 참회, 보수적이지 않고 자신감을 가지게 하며 관용적	혼란에 빠지게 하여 우울하게 만들 수 있음, 속물근성과 엘리트 의식을 가지게도 함
주황 (orange)	축제, 종교적 각성, 활동성, 충만함, 호기심, 영감과 유쾌한 자극, 외향적인 색, 축제와 즐거움과 충만함을 상징	피상적이고 변덕스러울 때가 있으며, 불안을 유발시키거나 경계를 의미

갈색 (brown)	대지, 가을, 돌, 낙엽, 비옥함, 여유, 노랑과 빨강 사이에 있는 색으로 색감이 풍부하고 심오한 색, 따뜻한 갈색은 생명과 따뜻함을 나타내는 대지를 상징하며 생산력과 모성적인 힘, 자연과의 일치를 의미, 주변 환경에 적응시키기에 건강한 색, 신체기관과 정신을 강화	활력과 생명력의 감소, 차가운 갈색은 불모의 대지를 연상시켜 퇴락하는 자연, 단단한 대변의 색, 배고픔, 경멸과 무시받는 느낌, 엄격한 교육과 훈련, 결벽증을 상징
흰색 (white)	빛, 밝음, 신의 존재, 깨달음, 비추임, 부활, 완전성, 낮, 순결, 청결, 완벽, 정확, 지혜, 신, 포기, 엄격함, 깨끗함, 명료함, 신선함, 개방성, 솔직성, 순수함과 선함, 절대적 자유, 탈 억제, 긍정, 추상성, 보편성, 투명성, 개방과 자유의 잠재성을 이미	유령, 영적인, 추운, 텅 빈, 무관심, 무감각, 멍한 상태, 생명의 결핍, 감정의 결여, 차가움, 엄격함, 경직성, 공허, 질망, 외로움과 불행, 고행과 금욕, 죽음
검정 (black)	강대한, 위엄 있는, 단호한, 단호한 결단력, 신성한, 엄격한 인상, 장엄함, 고행	불안, 죽음, 밤, 어두움, 신비, 정숙, 암흑, 상복, 그림자, 동굴, 지옥, 심연, 부정과 악, 생명의 결핍, 슬픔, 금욕적인 생활, 금기, 무의식 상태, 공허
회색 (grey)	성숙, 신중, 겸손, 회개, 단념, 회상	중화, 이기심, 의기소침, 무력, 무관심, 불임, 겨울, 비통, 후회

* 출처: 수잔 K. 랭거(1993), 이승훈 역, 『예술이란 무엇인가』, 고려원, p.36.

생활에서의 색채

1. 의식주 속의 색채상징

● 주거 환경과 색채상징

환경색채는 인간을 둘러싼 모든 색채를 지칭한다. 환경색채는 환경에 대한 인간의 관점과 성격에 따라 달라진다. 즉 환경색채는 환경과 색채 사이에 인간이 중심이 되어 그 과정에서 일어나는 사회적·문화적인 의미로 이해되어야 한다. 오늘날의 환경색채는 주거의 개념에서 출발하여, 우리가 머무는 거리와 장소 그리고 모든 도시환경의 문제로 그 개념이 확대되고 있다.

인간에게 가장 먼저 주어진 환경은 다름 아닌 자연환경이다. 건축이나 마을, 도시의 색이 인간에게 편안하고 자연스러움을 줄 때는 그 지역에 맞는 색이 그대로 나타날 때이다. 자연의 색채는 시간과 장소에 따라 끊임없이 변화되므로 자연으로부터의 색채는 무한하다고 볼 수 있다. 자연의 색이 지닌 다양성을 발견한 인간은 그러한 감각을 색채계획에 응용하여 새로운 인공 환경에 적용하여 재구성하고 있다.

도시환경과 색채

과거 자연소재가 지역의 건축 및 생산품의 소재가 되던 시절에는 주변의 자연환경과 조화된 집을 만들었다. 그러나 경제성장과 도시화로 인해 도시건축이 발달하게 되었고, 이는 기후풍토를 넘어서 새로운 거리의 모습을 만들어냈다. 현대사회에 있어 도시환경의 질은 도시 시설물의 형태와 색채에 따라 좌우되는데, 특히 다양한 상징성을 갖고 사람들의 직접적인 반응을 유도하는 색채는 형태에 비해 경제적이며, 크게 노력하지 않고도 도시에 강한 아이덴티티를 부여할 수 있기 때문에 색채의 중요성은 점점 커지고 있다. 이처럼 도시환경 속에서 색채는 건조된 환경에 환경친화감을 부여시켜 줄 수 있는 기능을 하며, 거리마다의 아이덴티티를 부여해주는 등 환경의 질을 개선·보완하여 삶의 모습을 풍요하게 해준다.

공공시설에서의 색

도시경관 속의 환경색채는 도시 속에 놓여 있는 수많은 대상이 지니고 있는 정보와 의미를 더 구체화시키고 정리한다. 따라서 도시환경색채는 시민으로 하여금 주어진 정보를 읽기 쉽도록 하는 의사소통기능을 한다. 공공시설물은 세계적으로 공통된 의미를 가진 색을 사용하기도 하나, 나라와 지역에 따라 자신의 고유한 색을 가질 수도 있다.

소화전

색은 연상작용을 불러일으킨다. 소화전은 불과 물을 모두 떠올리게 하는 공공시설물이기에 불의 빨강, 물의 파랑이 모두 적용 가능하다. 또 소화전은 기능과 형태에서 비슷하지만 국가와 문화권에 따라 빨강, 노랑, 파랑 등 다양하다. 소화전의 색채는 화재라는 위급상황에서 눈에 잘 띄어야 하기 때문에 주목성이 높은 빨간색이나 명시성이 높은 노란색이 적용된다. 흔히 빨강은 위험, 노랑은 안전을 의미한다.

〈그림 Ⅲ-1〉 다양한 소화전의 색

긴급구조차량

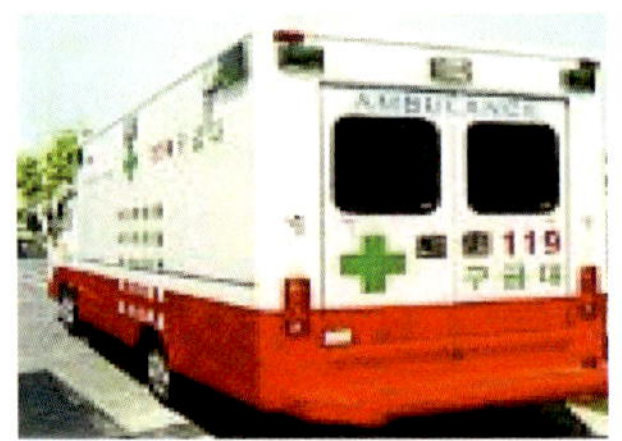
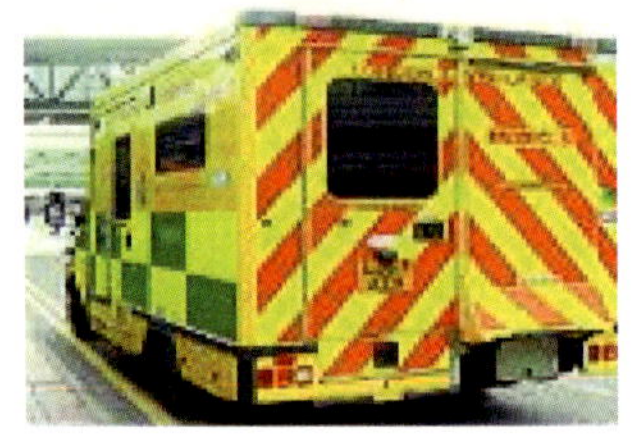

〈그림 Ⅲ-2〉 긴급구조차량의 색

긴급구조차량은 각종 재난과 사고, 범죄와 위험으로부터 시민을 보호하고 구호하기 위한 특수차량이다. 따라서 긴급차량은 어떤 장소를 배경으로 있더라도 빨리, 강하게 인식될 수 있어야 한다. 노랑과 검정, 노랑과 빨강 줄무늬는 위험을 경고하는 세계 공통의 기호이다. 지각심리 실험에 의하면 사선은 수평선이나 수직선에 비해 불안정한 느낌을 줘서 눈을 각성시키는 효과가 큰 것으로 밝혀졌다.

색채와 인테리어

색채는 실내 환경에서도 매우 중요한 역할을 하는 것으로, 단순히 인간의 미적 감각뿐 아니라 색채가 가진 기능을 충분히 살리는 동시에 이들의 조화에 의해 쾌적하고 안전하며 능률적인 환경을 조성함을 목적으로 한다. 공간을 좁아 보이게 하기도 하며 좀 더 따뜻하게 느껴지게 하기도 한다. 좀 더 차분하고 집중할 수 있도록 도와주기도 하며 기운을 북돋아주기도 한다.

체스킨(Louis Cheskin)은 색에 의한 심리작용에 관한 실험을 했다. 네 개의 작은 방을 준비하고 방 안의 모든 부분을 각각 적색, 녹색, 청색, 황색으로 칠했다. 그곳에서 생활한 결과 적색 방에서는 혈압이 높아지고, 맥박이 빨라지는 흥분상태가 되었고, 일을 하려고 해도 적색자극 때문에 할 수가 없고, 또 방에 오래 머물 수도 없으며, 적색자극 과잉으로 정상적으로 있을 수 없다는 결과가 나왔다. 청색 방에서는 적색방과 반대로 혈압과 맥박은 낮아지고, 생기가 없고, 몸이 나른하며, 맥이 풀려서 일이 뜻대로 되지 않았다. 황색의 방에서는 혈압의 변화는 볼 수 없었으나 색이 밝아서 눈에 극도의 긴장을 주었고, 활동할 때 금세 피로감을 주었다. 이는 창의적인 활동을 할 때는 좋다고 한다. 녹색 방에서는 아주 정상적인 반응을 나타냈다. 그러나 녹색 한 가지만으로는 단조롭고 활기가 없어 약간의 자극이 필요했다. 녹색은 비교적 안정감을 주기 때문에 공부방, 작업실에 적당하다.

색채가 가지는 공간적 효과를 간단히 정리하면 다음과 같다.

〈표 Ⅲ-1〉 색채가 가지는 공간적 효과

색	사용하기 적합한 공간	공간에서 나타나는 효과
빨강	활동적인 공간, 홀, 계단실, 운동 공간	따뜻한 느낌, 활동적, 공간이 작아 보이게 함
노랑	거실, 식당, 어둡거나 추운 공간, 공부방,다른 색과 함께 식당, 부엌	밝고 생기 있게, 따뜻하고 따사롭게, 조명에 따라 지루한 느낌이 들 수도 있음, 정신적 자극

녹색	쉬는 공간, 거실, 식당, 정원에 인접한 공간,따뜻한 색과 함께 병원에 적용	시원하고 공간을 넓어 보이게 함, 조용하고 평온한 공간의 느낌, 짙은 녹색은 자연의 느낌
파랑	침실, 욕실, 햇빛이 많은 방, 더운 지역의 거실, 따뜻한 색과 함께 아이들 방이나 공부방	넓고 시원한 느낌, 긴장이 풀어지고 평화로운 분위기, 따뜻한 색과 조화가 없으면 차고 황량한 느낌
보라	홀에 일부, 보색과 함께 거실이나 식당, 명상이나 기도하는 공간	고급스럽고 따뜻한 느낌, 권위적인 느낌
흰색	순수한 흰색은 강조 색으로 사용	깨끗하고 밝은 느낌, 시원하고 신선한 느낌, 춥거나 병원 같은 느낌을 줄 수도, 공간을 작아 보이게 함
검정	다른 색을 강조하기 위해 일부분에 사용	

인간의 심리적·생리적 조건과 욕구에 부합되는 색채계획이 이뤄져야 하며, 각 공간의 기능에 따라 색채계획이 다르다. 예를 들어 주거공간은 편안하고 가정적인 분위기를 제공하는 색채를 사용하는 것이 좋으나 비주거 공간에서는 각 용도에 따른 기능적 색채계획이 요구되는 것이다.

주거 공간에서는 주로 난색을 선호하는 경향이 많다. 중성이나 흰색을 사용하는 경우 대조나 난색의 강조를 통해 따뜻함을 줄 수 있다. 천장을 벽과 같은 색조로 배색할 경우에 벽보다 밝은 색으로 하며 거실은 경쾌하고 밝은 색조가 효과적이다.

병원에서는 밝은 조명과 난색의 색채는 인간의 육체를 자극하게 되므로 회복실 등에 적합하며 약간 어두운 조명과 한색(녹색, 파랑)은 장기간 입원해야 하는 환자에게 적합하다. 녹색은 혈액 및 조직과의 보색관계로서 의사가 수술할 때에 집중할 수 있는 효과와 눈부심 현상을 방지할 수 있어 수술실에 널리 사용된다.

음식점에서는 식욕은 주변 환경의 색채나 조명에 따라 큰 영향을 받기 때문에 어둡고 차가운 느낌의 무채색 및 파랑, 보라계열의 색은 피하는 것이 좋으며, 일반적으로 식욕을 돋우는 것으로 빨강이나 주황계열의 색을 이용한다.

사무실은 장시간 근무를 하면 피로를 많이 느끼게 되는 공간으로 너무 단조롭거나 또는 너무 복잡한 색채계획은 피해야 하며 많은 사람이 공감할 수 있는 색채계획이 필요하다. 눈의 피로감을 주지 않는 연한 계통의 색으로 밝게 처리하여 조명에도 신경을 쓴다.

학교는 명랑하고 밝은 색을 주조로 하며 교실은 연한 청색이나 녹색 등으로 눈의 피로감을 덜어주고 차분한 이미지를 주어야 한다.

● 의복과 색채상징

패션생활은 옷, 침구, 신발, 모자, 양말 등 피복을 착용하여 인간 신체에 가장 가까운 환경을 만든다. 패션생활은 착용자와 환경 간의 인자들을 조절하여 건강을 도모하며, 외부적으로는 좋은 시각적 이미지를 전달하도록 해야 한다.

1) 빨강

빨강은 정열과 생명력을 상징하며, 따뜻하면서도 대담하고, 흥분과 긴장감 그리고 자극적인 느낌을 준다. 빨간색은 크게 '피'와 '불'을 상징한다. 피의 색 빨강은 생명과 힘의 색이기도 하고 투쟁의 색이기도 하다.

패션에서의 빨강은 활동성과 기능성이 요구되는 캐주얼웨어에 많이 사용되기도 하고 강한 이미지를 표현하고자 할 때 액세서리 등의 작은 면적의 강조 색으로 사용되기도 한다.

또한 리더십을 요구받을 때나 커다란 결단에 용기가 나지 않을 때, 기운이 없을 때 파워를 주는 색이며 상대방을 자극하고 싶거나 지루함을 벗어나 의욕을 불어넣고 싶을 때, 강인한 힘을 강조하고 싶을 때 사용하면 효과적이다. 또 경사스러운 날이면 일본에서는 홍백색을, 중국에서는 빨강과 금문자나 금색 용 등 강렬한 색을 조화한 색을 많이 사용한다.

〈그림 Ⅲ-3〉 활동성과 기능성에 사용되는 빨강

〈그림 Ⅲ-4〉 중국 전통드레스

〈그림 Ⅲ-5〉 일본의 홍백색

〈그림 Ⅲ-6〉 중국과 일본에서 사용되는 빨강

2) 노랑

　노란색은 원색 중에서 빛을 가장 많이 반사하며 밝은 색이며 생동
감과 명랑한 느낌을 주는 색으로 따뜻한 아침 햇살, 봄의 이미지, 어
린아이의 이미지를 연상시킨다. 태양을 상징하는 색으로 자기표현,
논리, 지적인 능력 등을 향상시키는 활달한 색이다. 또한 희망, 영감
등의 인상을 주기도 한다.

　또한 부와 번영을 상징하기도 한다. 예부터 보리의 이삭이나 곡물은

〈그림 Ⅲ-7〉 노랑의 이미지

〈그림 Ⅲ-8〉 투탕카멘　　　　　　　　　〈그림 Ⅲ-9〉 곤룡포

부의 상징이었고, 노란색은 금과 동일시하여 부와 권력의 상징으로 여겨졌다. 이집트 파라오 투탕카멘의 황금가면에서 볼 수 있듯 왕들은 황금에 집착했는데 이는 금이 가진 '영원성'이라는 상징 때문이다.

반면 부정적인 의미로 사용되는 경우도 있다. 이집트에서는 상복이 노란색이고, 스페인에서는 사형집행인의 옷이 노란색이라고 한다. 다른 사람과 오랫동안 있어야 할 자리에서 노란색을 과하게 사용하면 상대방의 주의력이 산만해질 위험이 있으므로 주의해야 한다. 노란색은 유채색 중에 명도와 채도가 가장 높은 색으로 주목성이 가장 높아 유치원생의 단체복이나 우비가 노란색인 경우가 많이 있다.

3) 녹색

녹색은 자연을 상징하며 새싹에서 울창한 숲까지 모두 초록색이다. 녹색은 난색이나 한색이 아닌 중성색의 이미지로 안정감이나 침착한 느낌을 주며 편안한 스타일의 캐주얼웨어에 사용되며 녹색은 덜 익은 과일의 색으로 싱그러움과 젊음을 상징하기도 해서 일에 서툰 사람을 표현하기도 한다. 유아적 사고를 가진 영원한 어린이를 상징하는 피터팬이 녹색 옷을 입고 있는 것에서 미성숙을 뜻하는 색이라고

〈그림 Ⅲ-10〉　　　〈그림 Ⅲ-11〉　　　〈그림 Ⅲ-12〉
자연 속의 녹색　　　초록 외계인　　　피터팬

알 수 있다. 1970년대 말 미국에서 초록색 옷, 액세서
리가 유행했을 때 한 사회 심리학자는 어른이 되고 싶
지 않은 바람이 초록색 바람을 불러일으켰다고 해석
하기도 했다.

<그림 Ⅲ-13>
녹색 패션

전통적으로 서양인들은 녹색을 '자연 또는 순수한
동심'을 상징한다고 생각하면서도 '꺼림칙하거나 피
하고 싶은 대상'을 상징하는 색으로도 보아 요물이나 외계인을 짙은
녹색으로 표현하기도 한다.

4) 파랑

파란색의 연상이미지는 하늘, 바다, 차가움, 희망, 평화 등이다. 침
착하고 지적이고 냉정함을 상징하며, 진리와 총명함을 상징하기도 한
다. 밝은 파랑은 젊음과 시원함의 표현이고, 어두운 파랑은 심플하고
모던한 이미지로 남성의 비즈니스웨어로 선호된다. 기분을 차분하게
하는 진정효과가 있으며 흥분한 마음을 냉정하게 만드는 자제의 색
으로 불리기도 해서 신뢰를 나타내기 위해 비즈니스와 관련된 거래
를 체결하는 장소에서 성실하고 믿음직스러운 모습으로 강조하고 싶
을 때 많이 입는다. 미국과 영국에서는 작업복을 입는 노동자를 '블
루칼라' 사무직 근로자를 '화이트칼라'라고 부르며 중국에서도 노동
자를 '파란 개미'로 불렀다.

5) 검정

현대에 들어서 검은색은 현대적이고 고급스러움의 대명사로 모던
과 미니멀리즘을 대표하는 이미지로 상징되며, 부와 명예의 상징으로
흰색, 은색, 회색과 함께 가장 대중적이면서도 고가품의 이미지로 각
인되어 있는 색이다.

검은색은 원색들과 배치하면 대비 효과가 있기 때문에 강한 인상
을 남긴다. 일반적으로 격식과 엄숙함 등을 의미하여 무게감을 갖고
있다. 당당한 힘이 느껴지는 강한 이미지로 심리적으로 남성다운 위
엄을 느끼게 하며, 절제된 금욕의 이미지로 속세를 떠나 도를 닦는
사람들은 자신에 대한 부정의 의미로 검은색 옷을 입는 경우가 많다.

검정은 좌절과 죽음을 의미하는 어둠, 죄악 등의 불길하고 음산한
이미지가 있으며, 대부분의 문화권에서 죽음과 관련되어 장례식을 의
미하는 색채로 쓰인다.

또한 검은색은 위엄과 권위를 상징하는 색이기도 하다. 이탈리아
의 독재자 무솔리니는 추종자들에게 검정 셔츠를 입게 하였고, 독일
의 나치 친위대를 위시하여 히틀러유겐트도 검정 옷을 입었다. 검은

〈그림 Ⅲ-14〉 하늘과 바다의 파랑

〈그림 Ⅲ-15〉 블루칼라

색이 지니고 있는 위협과 공포뿐만 아니라 위엄과 권위 등의 이미지를 강조하기 위함이었다. 중국의 왕조 중 진시황제가 검은색을 선호한 이유도 검은색은 당당하고 힘이 있으며, 엄숙하고 무게감이 있기 때문이다.

6) 흰색

청결한 이미지와 부드러운 이미지로 동기유발을 하거나 정직하다는 메시지를 주고 싶을 때 이 색을 입으면 된다. 흰색의 밝고 깨끗하고 순수한 이미지로 청순하고, 세련되고, 차분한 의복에 많이 사용된다. 흰색은 빛, 영광, 결백, 승리, 환희를 떠올리게 하며, 순수함, 평화로움, 순결함, 차가움, 밝음, 소박함 등의 이미지가 있다. 서양에서도 하얀 비둘기나 종교적인 복장, 천사, 신부의 웨딩드레스 등과 같이 순결한 이미지를 대표하고 있다. 흰색 웨딩드레스는 신부의 순결을, 흰색의 베일은 정절을 뜻하며 부케로 사용되는 장미, 카네이션, 프리지어, 양란 등의 흰색 꽃은 다산과 순결을 상징한다. 웨딩드레스는 신부

무솔리니

가톨릭 사제의 수단

진시황제

〈그림 Ⅲ-16〉 패션에서의 검정

〈그림 Ⅲ-17〉 패션에서의 흰색

에게 주어진 책임과 의무를 상징하는 의식이었다.

종교적인 의미에서 흰색은 부활과 영생, 환생을 뜻하기도 한다. 검은색은 끝을 의미하지만 흰색은 부활과 영생을 의미하기 때문에 육체적으로는 사라지더라도 영혼은 새로운 시작을 한다는 의미로 흰색 상복을 입기도 한다. 환생에 대한 믿음이 널리 알려져 있는 아시아에서는 전통적으로 하얀 상복을 입는다. 고대 올림픽 경기에서 선수들이 입는 흰색 옷에는 '어두운' 세계를 통과해 이상을 달성하는 의미가 숨어 있다. 흰옷을 입은 남녀 운동선수들은 경기장에서 화해와 평화를 기원하는 마음으로 빛을 점화한다.

● 음식과 색채상징

1) 미각과 색채

식품의 맛은 단지 혀에서 느끼는 미각뿐 아니라 후각, 시각, 청각, 촉각에서 느낀 여러 가지 인상과 개인의 경험이나 기호가 복합적으로 적용된다. 그중 맛 연상에 직접적으로 영향을 주는 것은 눈으로 보여 지는 시각이다. 시각으로 인해 전달되는 색채의 감각에 의해 우리는 다른 영역의 감각인 맛이나 냄새를 불러일으키기도 한다. 식품을 선택할 때 영양이나 안전성이 확보되어도 실제

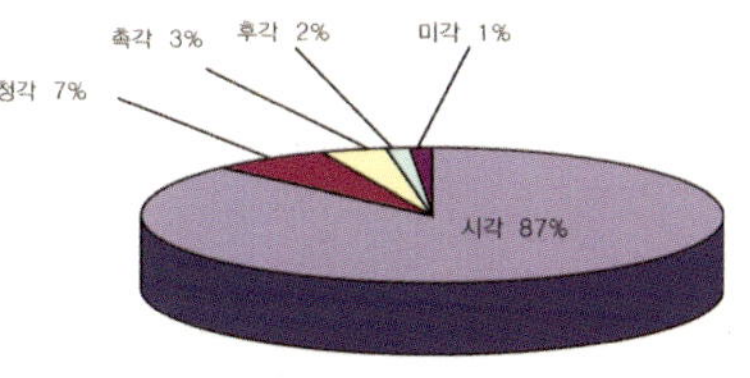

〈그림 Ⅲ-18〉 음식의 맛을 결정짓는
오감 비율

맛의 좋음과 형, 색, 크기 등의 외관이 잘 갖추어져 있지 않으면 그 가치는 줄어든다. 그중에서도 외관 특성의 하나인 색은 신선함과 맛 판단의 기준이 되는 요인이다.

사람의 오감 중에서 음식의 맛을 결정짓는 요소는 일반적으로 후각이나 미각의 요소가 주로 차지하는 것으로 알려져 있으나 실제로는 시각요소가 87%나 차지하고 있고 미각은 겨우 1%에 지나지 않아 시각적 요소는 맛을 결정짓는 가장 중요한 요소라고 할 수 있다.

단맛은 빨강, 분홍을 사용하여 캔디나 젤리 등의 단맛과 달콤함을 느낄 수 있게 한다. 미각을 자극하는 맛의 이미지로 잘 익은 빨간 사과, 오렌지, 딸기 등의 과일을 연상시킨다. 주황은 식욕을 가장 자극하는 색으로 알려져 있다. 분홍은 아주 단맛보다는 달콤한 느낌을 가지고 있다. 일반적으로 단맛의 컬러 배색은 빨강, 분홍, 주황, 노랑 등의 색채 배색으로 단맛을 표현한다.

짠맛은 청록, 회색, 흰색 등 차가움을 표현하는 한색 계열의 색과 흰색의 소금에서 연상되는 짠맛을 나타낸다. 짠맛 하면 가장 먼저 소금을 떠올린다. 소금의 흰색이나 밝은 회색이 짠맛의 대표적인 색이

다. 주로 바다에서 나는 해산물의 색은 초록 계통의 한색인 경우가 많다. 일반적으로 짠맛의 컬러 배색은 초록, 파랑, 회색 등의 색채 배색으로 짠맛을 표현한다.

신맛은 노랑, 연두, 녹황색 등을 사용하는데, 레몬의 노란색과 매실의 연두색처럼 시트러스 계열의 과일 색에서 신맛을 느낄 수 있다. 보기만 해도 입안에 침이 고이게 하는 색으로서, 신맛을 대표하는 레몬의 노랑이나 녹색이 주류를 이룬다. 과일의 덜 익은 색인 녹색은 신맛을 가장 많이 자극한다. 일반적으로 신맛의 컬러 배색은 초록, 연두, 노랑 등의 색채 배색으로 신맛을 표현한다.

쓴맛은 올리브그린 색과 밤색을 사용하며, 풀을 연상하는 그린 계열의 색에서 쓴맛을 연상할 수 있다. 보편적으로 커피와 한약처럼 쓴맛의 대표적인 색은 짙은 갈색이나 검정으로 표현된다. 주로 어두운 계통의 색이 쓴맛을 상징하는데 색의 농축된 이미지가 강하여 단맛이나 신맛이 너무 강할 때도 쓴맛을 느낀다. 일반적으로 쓴맛은 갈색, 군청색, 검정 등의 색채 배색으로 표현하지만 최근 식문화의 변화로 갈색은 빵 맛을 연상시키는 고소한 색으로 사용되는 경우가 많아지고 있다.

매운맛은 적색과 흑색을 사용하며, 고추와 칠리 같은 붉은색에서 매운맛을 느끼게 된다. 매운맛 하면 고추장을 떠올리게 되는데 빨강과 검정이 대표적인 색이다.

2) 식욕과 색채

색은 인간의 심리와 밀접하게 관계하여, 생리적으로는 식욕을 상
승시키거나 맛의 인식을 흐리게도 하며 정서적으로는 감정의 변화를
유도하거나 연상을 일으키기도 한다. 실제로 식욕의 메커니즘에서 색
의 시각적 반응은 미각의 각 중추를 자극하고 시상하부에 전달되어
뇌간을 통해 미각신경을 자극하여 식욕을 일으키게 한다. 색에는 온
도감이 있는데 빨강, 주황, 노랑, 연두, 초록, 파랑, 흰색 등의 순서로
파장이 긴 것이 난색이고 시각적으로 따뜻하게 느껴지고 식욕을 돋
우는 역할을 한다. 그리고 보통 파장이 짧은 쪽은 차갑게 느껴지며
신선한 느낌을 준다. 그리고 연두, 보라, 자주 등은 때로는 차갑게도
때로는 따뜻하게도 느껴질 수 있는데 이러한 색상들은 중성색으로
불리며 식욕을 감퇴시키는 색이기도 하다.

색채와 식욕과의 관계를 살펴보면 순색들 가운데서 빨강이 가장
식욕을 돋우어주는 색이다. 빨강은 사과나 붉은 열매, 안 익은 고기
등에서 볼 수 있는 색으로 풍요롭고 자극적이다. 음식물의 색이 빨간
색에서 주황색 쪽으로 갈수록 식욕은 더욱 자극된다. 그러나 노란색
부터는 식욕을 자극하는 정도가 낮아지기 시작하며 연두색에서는 상
당히 감소한다. 한편 초록색으로 되면 식욕을 다시 자극시키지만 파
란색은 색상 자체의 아름다움에도 불구하고 음식에는 거의 사용되지
않으며 식욕을 자극하지 못한다. 아마도 파란색으로 된 식재료가 거
의 없기 때문에 사람들은 파란색 계통 즉, 선명한 파란색이나 청록색
을 보아도 맛있겠다고 느끼지 못하기 때문일 것이다. 보라색과 자주
색도 식욕을 거의 자극하지 못하는 색이다. 연한 색을 띤 음식들은

순색들처럼 거부감을 일으키지도 않고 몹시 맛있게 보이지도 않는다.
순수한 빨간색은 아주 먹음직스러운 색이지만 분홍색은 전혀 그렇지
못한 색이다. 흐린 색들 중에서 가장 맛있게 보이는 색은 주황색 계
통의 색이다. 흐린 노란색도 순수한 노란색보다는 좀 더 맛있게 보이
는 색이고 흐린 초록색도 역시 맛이 있어 보이는 색이다. 또 흐린 파
란색이나 흐린 자주색도 그런 색들의 순색이나 어두운 색들처럼 아
주 맛없어 보이는 색은 아니다. 어두운 색들 가운데서는 주황색 계통
의 색이 가장 식욕을 돋우는 색이다. 여기에는 잘 익은 고기라든가
빵 또는 모든 종류의 곡물들을 연상시키는 고동색도 포함되어 있다.
그러나 어두운 빨간색은 대체로 자주색과 비슷하므로 식욕을 돋우지
못한다. 한편 어두운 연두색은 순수하고 깨끗한 초록색과 느낌이 비
슷하여 식욕을 돋우지만 어두운 파란색이나 어두운 보라색은 그 어
느 것도 음식의 색으로는 적합하지 않다.

3) 음식과 색채

모든 음식은 각각 고유의 색을 가지고 있고 각 색은 신체 기관을
자극하며 저마다 자체의 효과를 가지고 있다. 사람들은 어떤 색의 음
식에 마음이 끌리는지 스스로 느끼고 있어서 활력이 필요하다면 붉
은색이나 오렌지색 또는 노란색 계통의 음식이 먹고 싶은 생각이 자
연스럽게 들 것이며 반대로 안정을 찾거나 에너지의 조화를 필요로
한다면 녹색이나 푸른색 계통의 음식을 찾을 것이다. 또한 뇌에 영양
분이 필요하다면 자주색이나 남색 같이 어두운 색 계통의 음식을 원
하게 될 것이다. 스트레스를 받았거나 사소한 일로 기분이 상했을 때,

몸이 약해져 건강을 회복하고 싶은 때 자신의 몸에 맞는 색의 음식을 선택하여 섭취하면 몸이 필요로 하는 영양분이 어떤 것인지 알게 되고, 몸의 신호에 대처함으로써 건강을 유지시킬 수 있다.

레드 푸드(Red Food)에는 딸기, 체리, 자두, 빨간 사과, 수박, 산딸기, 대황, 근대, 토마토, 붉은 고추, 붉은 강낭콩, 선홍색 육류가 있으며, 철분이 풍부해서 원기가 부족하거나 빈혈이 있는 사람에게 좋고, 에너지를 높이는 데 도움이 되며 피를 맑게 하고 활력 증강에 좋은 고단위의 칼륨을 함유하고 있다.

음양오행사상에서 붉은색은 오행에서 화(火)에 속하며, 계절로는 여름과 관계가 있으며, 인체의 심장, 소장, 혀 등과 연결되어 있는 기운이다. 또한 쓴맛을 주관하며 기쁨을 느끼게 하는 감정과도 연관이 있다. 그래서 혈액 색과 같은 붉은색을 지닌 식품은 심장과 연관되어 피를 맑게 하고 심장을 건강하게 하는 데 효과가 있는 것이다.

오렌지 푸드(Orange Food)에는 오렌지, 살구, 망고, 파파야, 복숭아, 주황색 피망, 늙은 호박, 당근, 달걀노른자가 있으며, 효소가 풍부하고 식욕을 왕성하게 하여 소화 작용을 돕는다. 비타민이 풍부하게 함유되어 있어 에너지원을 공급하고 성욕을 강하게 하며 면역계의 기능을 강화한다.

옐로 푸드(Yellow Food)에는 레몬, 자몽, 멜론, 바나나, 파인애플, 옥수수, 견과류 열매와 씨, 렌즈콩, 노란 피망, 버터, 식물성 식용유가 있으며, 해독작용을 하는데 특히 간장, 쓸개, 췌장, 비장 등에 좋다.

이들 음식 대부분은 약산성이기 때문에 소화기 계통이 원활하게 유지되도록 하며 신경계통을 활발하게 하며 뇌의 기능을 활성화한다.

그린 푸드(Green Food)에는 청포도, 키위, 라임, 푸른색 사과, 브로콜리, 푸른 잎의 야채류, 상추, 애호박, 완두콩, 아보카도가 있으며, 신체의 조화를 유지해주며 용해성 섬유질의 좋은 공급원이다. 녹즙은 피의 독소를 정화하고 림프계의 기능을 도우며 혈압을 안정시키고 산과 알칼리의 농도를 조정한다.

블루 푸드(Blue Food)에는 블루베리, 까막까치밥나무 열매, 검은색 포도, 서양자두, 체리, 건포도, 말린 자두, 노간주나무 열매, 검은콩, 올리브, 기름기 많은 생선(연어, 고등어, 참치)이 있으며, 몸의 열을 가라앉히고 안정을 주는 효과가 있다. 숙면을 돕고, 뇌가 극도로 자극을 받아 흥분했을 때 진정 작용을 한다.

2. 영화와 명화 속 색채와 색채상징의 활용

● 영화 속의 색채

　최초의 무성영화시대부터 오랜 시간 우리는 움직이는 영상을 흑백으로 감상할 수밖에 없었다. 1960년 후반이 되어서야 비로소 영화의 색채는 하나의 표현 수단으로서 충분하게 받아들여졌다. 영화에 색채가 도입되면서 희망과 절망, 사랑과 이별, 그리고 삶과 죽음에 관한 여러 이야기가 영화 속 색채를 통해서 한층 심화될 수 있었다. 특히 색의 상징성은 영화의 적재적소에 신중하게 도입되면서 심리상태와 줄거리의 전개를 암시하며 영화 주제를 반영한다.

　색채는 시각적으로 가장 먼저 인지되기 때문에 작자의 영상적 감수성이 상징적 색채를 통해 표현되면 관객은 많은 부분을 무의식적으로 받아들인다. 이것은 영화에 대한 인상으로 남거나 스토리에 감정을 이입하게 하며, 이러한 정서적 감정이입의 과정은 영화가 실제 상황인 듯한 감정적 동화가 일어나게 한다.

　다시 말해, 어떤 이야기가 사람들의 감성을 자극한다는 것은, 모든 사람의 마음속에 잠재적으로 존재하는 색의 심리적인 측면과 밀접한 관련이 있는 것이다. 이야기를 전달하고 구체적인 생각과 감정을 표현하기 위해서 각각의 화면에 어울리는 색채를 사용함으로써 관객의 감성을 자극하고 심리적인 변화를 자연스럽게 유도하는 것이기 때문이다. 색채의 효과가 잘 나타나는 영화들을 통해 영화 속의 색채를 살펴보도록 하자.

1) 〈요리사, 도둑, 그의 아내 그리고 그녀의 정부〉 (1989, 피터 그리너웨이 감독)

이 영화는 극중 무대가 주차장, 주방, 식당, 화장실로 확연히 구분이 된다.

먼저 주차장의 파란색은 이유 없이 요리사에게 폭력을 행사하며, 아내를 핍박하고 무시하는 말을 서슴없이 하는 앨버트의 행동을 더욱 위압적이고 강하며 차가운 느낌이 들게 하는 역할을 한다.

주방의 초록색은 조지나와 마이클이 욕설과 폭력을 일삼는 앨버트를 피해 잠시나마 둘만의 사랑을 나눌 수 있는 행복한 공간으로 평화스럽고, 안전한 공간을 나타낸다.

〈그림 Ⅲ-19〉 영화 〈요리사, 도둑, 그의 아내 그리고 그녀의 정부〉에서의 색

식당은 권력을 가진 자의 지배와 억압을 보여주는 위협적인 욕망을 상징하는 빨간색이 주된 색채를 이룬다. 식당은 위험을 상징하는 진한 빨간색으로 표현되어 뜨거우면서도 가장 강렬한 색으로 공격적이고 폭력적·위협적이며 위태로운 상황을 보여준다. 화장실은 연인들이 그들의 은밀한 정사를 시작하는 장소로, 독재자의 아내와 자본주의적 욕망을 정당화시키는 화장실은 그림자조차 없이 깨끗한 흰색이 주를 이루어 모든 사건의 정황들을 정당화시키고 순화시키려는 의미가 있다.

2) 세 가지 색 〈블루〉, 〈화이트〉, 〈레드〉
(크지슈토프 키에실로브스키 감독)

〈블루〉(1993)

이 영화는 카타르시스적 해방이라는 주제를 드러내기 위한 수단으로서 슬픔을 채택하며 파란색을 유용하게 사용하고 있다. 또 비탄과 사랑을 동반한 개인적 구속으로부터 벗어나 새로운 삶을 시작하려는 여주인공 줄리의 시도에 파란색을 사용하여 현실과 타협하지 않고

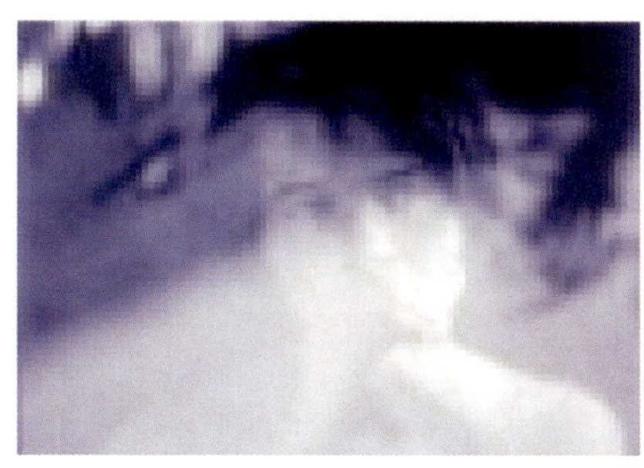

〈그림 Ⅲ-20〉 영화에서의 파란색

새로운 도전과 자유를 찾음을 암시한다.

　남편의 미완성 교향곡을 파란색 펜으로 완성하는 것, 시골의 저택을 남편의 아들을 임신한 정부에게 넘겨주는 것 등 소유하지 않을 때 자유가 주어진다는 것을 의미하며 이러한 정신적인 미덕을 나타내기 위해 파란색이 상징적으로 사용하고 있다.

〈화이트〉(1994)

　이 영화에서 흰색은 작품 밑바닥에 깔린 주제인 평등과 구원을 형상화하고 있다. 또한 새로움을 연상시키기도 하는데 카롤이 이혼 수속 중 순결, 정조를 상징하는 흰색 드레스를 입은 신부가 등장

〈그림 Ⅲ-21〉 영화에서의 흰색

하는 자신의 결혼식 날을 회상하고 청결함을 나타내는 법정에서 도미니크를 보는 장면 등에서 보인다.

〈그림 Ⅲ-22〉 영화에서의 빨간색

<레드>(1994)

빨간색은 뜨거우면서도 강렬한 색으로 이 영화에서 젊음을 상징하며 발렌틴이 노판사의 마음에 젊음을 심어줌을 상징한다. 그녀는 그의 공허한 영혼을 일깨우고 냉담한 가슴을 치유할 뿐만 아니라 비극적 상황에서 결론을 찾아내는 촉매제라고 할 수 있다.

또 빨간색은 전복된 페리호에서 발렌틴이 오귀스트의 보호를 받으며 구조되는 장면에서 위험을 표현하고, 위험 속에서의 담대함을 나타내기도 한다.

현대적 의미의 박애를 묘사하는 데에 따뜻함과 쾌적함, 풍요로운 느낌을 주는 빨간색을 사용하고 있다. 발렌틴이 구조되는 모습을 보고 안도와 기쁨의 표정이 가득 담긴 노판사의 얼굴은 따뜻하고 편안함으로 표현된다.

3) <아마데우스>(1984, 밀로스 포만 감독)

아마데우스 영화 속에서 검은색 의상은 '죽음'을 상징하며 모차르트를 죽음으로 몰아넣는 살리에리의 책략으로 이용된다. 모차르트는 아버지의 죽음에 큰 충격을 받고 죄책감에 시달린다. 모차르트의 천재성을 시기한 살리에리는 이를 이용해 모차르트의 자책감을 부추기고자 진혼곡 작곡을 의뢰하며 그때의 만남에서 아버지가 무도회에서 입었던 검은색 가면과 옷, 망토를 이용하여 결국 살리에리의 계획대로 모차르트는 신경쇠약으로 죽음에 이르게 된다.

영화의 첫 장면은 밤으로부터 시작되는데 도입부분을 검은색이 주는 느낌인 '암울함', '무거움'으로 보여주며 영화 전체의 분위기를 암

〈그림 Ⅲ-23〉 영화 〈아마데우스〉에서의 검은색

시해준다. 또한 현재시제의 살리에리의 방 안, 빛이 들지 않는 병실, 얼굴의 짙은 그림자 등과 과거시제의 모차르트의 죽음의 검은색을 같은 기호로 처리하여 검은색이 주는 상징성을 일관되게 표현하고 있다.

4) 〈붉은 수수밭〉(1987, 장예모 감독)

빨간색

장예모 감독의 영화에서 주제 색채인 빨간색은 영화 서술의 시각적 요소로 단순히 색채의 기호로서 표현된 것이 아니고, 영화의 주제와 밀접한 연관을 가진다. 빨강은 중국 문화에서 길조를 나타내는 색이며, 생명을 상징하고 재산을 상징한다. <붉은 수수밭>은 1929년 산둥성의 한 마을이 배경이 된 영화이다. 일본 강점기의 광기적인 참상을 폭로하는 민족적 영화로 빨간색의 피, 생명, 투쟁 등의 상징적 의미를 영화 전반에 걸쳐 보여주고 있다.

〈그림 Ⅲ-24〉 영화 〈붉은 수수밭〉에서의 빨간색

여주인공 주얼은 부유한 양조장 주인인 나이 많은 나병환자에게 가마를 타고 시집간다. 장예모 감독이 이 영화를 촬영하기 위해 심은 수수밭이 한없이 이어지고 주얼이 탄 붉은 가마 행렬은 초록색 수수밭과 선명한 대조를 이루며 붉은색이 더욱 두드러져 보이게 하며 힘의 상징이자 희망의 상징으로 표현한다. 초록 수수밭 사이로 붉은 가마가 일렁이는 보색의 대비는 마치 초록 들판(힘에 항거하는 민중)에 꽂은 붉은 깃발(투쟁)이 흔들리는 것을 연상시킨다.

노란색

노랑은 동양에서 민족정서를 대표하는 색이다. 특히 중국에서 노랑은 붉은색만큼이나 귀한 색으로 여겨지고 있음이 영화 곳곳에서 드러난다. 중국에서 노랑은 황제를 의미하기도 하고 민족의 삶을 의미하기도 한다. 장예모 감독의 영화에서 노란색은 주로 민족과 토지를 나타내고 여성을 말하기도 한다.

영화의 도입부에서 여유로운 여백에 누런 황톳길을 통해 모진 삶을 이겨낸 중국의 민족의식을 강하게 나타낸다. 수수밭 주변의 좁고 넓은 길은 매우 노랗다. 이 노랑 황톳길은 항거하는 민족과 강인한 민족정신을 상징하고 있다.

〈그림 Ⅲ-25〉 영화에서의 노란색

5) 〈홍등〉(1991, 장예모 감독)

빨간색(Red)

〈그림 Ⅲ-26〉 영화 〈홍등〉에서의 빨간색

영화 <홍등>의 도입부부터 붉은색이 여실히 드러난다. 새로 도착한 여인이 첫날밤에 남편의 선택을 받는다. 그녀는 방에 앉아 그에게 봉사할 수 있기를, 그리고 다른 여인들을 누르고 승리할 수 있기를 고대하고 있다. 홍등 아래에서 붉은 옷을 입고 남편을 기다리는 모습과 독재자의 흥취를 돋우는 분위기의 방은 또 하나의 세계를 상징적으로 보여준다. 이 방의 붉음은 공산국가체제를 상징하는 것이기도 하고 여성을 더욱 관능적으로 보이게 할 섹슈얼리티의 이미지이기도 하다.

검은 화면에 붉은 글씨로 봄, 여름, 가을, 겨울 그리고 또 한 번의 여름의 흐름을 자막처리하며 전개된다. 이는 검은색이 상징하는 망망한 바다와 같은 무(無)에서 붉은색이 상징하는 탄생과 시작을 의미하고 있다.

홍등을 걸기 위해 투쟁하며 존재하는 네 명의 부인들의 각기 다른 성격들을 옷의 색채와 연관하여 보여주고 있다. 셋째 부인 메이산은 주로 붉은 옷을 입는다. 메이산은 감옥 같은 집을 박차고 나와 성적인 봉기(간통)를 일으킨다. 송련이 홍등을 밝힐 수 있도록 간택된 날은 붉은 의상을 입고 있고, 임신을 가장하여 누워 있을 때도 붉은 옷을 입고 붉은

두건을 이마에 두르고 있다. 새로운 탄생이 전개되는 것을 꿈꾸는 것을 의미한다. 하녀 옌얼은 다른 하녀들과 달리 붉은 옷을 자주 입었다. 이것은 봉건적 체제와 사회의 불평등에 반항의 기를 든 인민을 의미한다.

파란색(Blue)

송련이 진나리의 집에 들어설 때, 양갈래로 딴 머리에 파란색 리본을 묶고 있다. 양갈래 머리 스타일은 두 개의 삶 중에 선택해야 하는 운명을 나타내며, 파란 리본에 부여되는 의미는 지성인의 철학적 고뇌와 처첩 간의 갈등으로 번뇌할 운명을 암시한다.

〈그림 Ⅲ-27〉 영화 〈홍등〉에서의 파란색 상징

검은색(Black)

'홍등'의 반대되는 개념으로 '봉등'이 나온다. 봉등은 처첩 간의 갈등과 불균형 속에서 균형을 잡기 위해 홍등을 검은색 천으로 봉하게 되는 것을 말한다. 이것은 사회 내부의 암담함을 관조적으로 바라보게 하는 상징물이다.

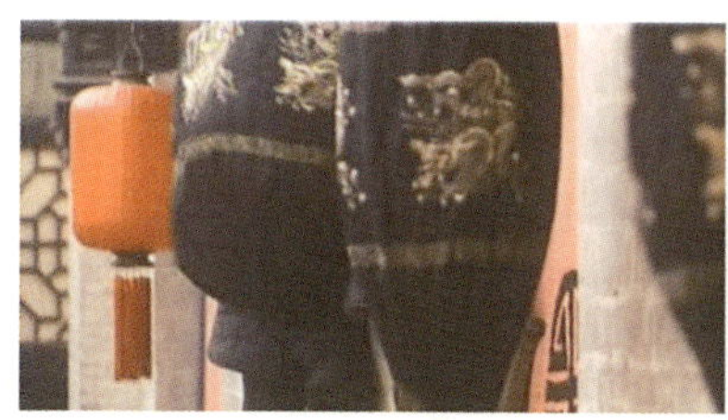

〈그림 Ⅲ-28〉 영화 〈홍등〉에서의 검은색 상징

6) 〈영웅〉(2002, 장예모 감독)

빨간색(Red)

<그림 Ⅲ-29〉 영화 〈영웅〉에서의 빨간색

〈영웅〉에 등장하는 색 중 가장 현란하게 관객의 시선을 사로잡는 것은 빨간색이다. 주인공들의 빨간색 의상은 거짓과 과장, 그리고 질투와 격렬함을 나타낸다.

파검과 반목하는 비설의 오만함과 서로의 감정에 솔직하지 못하고 상처를 주는 모습에서 빨간색 의상은 등장인물들의 질투와 격렬한 애증을 한층 더 강하게 표출한다.

빨간색은 정열을 의미한다. 파검은 자신이 데리고 있던 하녀 여월을 비설 대신 육체적 대상으로 대하는 장면에서 장밋빛의 빨간색이 상징적으로 사용되었다. 무력으로 대응하지 않고 의연하게 서예의 예법을 사수했던 조나라 사람들의 빨간색 의상은 그들의 곧은 충절과 투쟁 정신을 표현해주고 있다.

파란색(Blue)

<그림 Ⅲ-30> 영화 〈영웅〉에서의 파란색 상징

파란색은 희생을 나타낸다. 진시황을 암살하려는 무명을 위해 파검과 비설 중 한 사람은 자신을 포기해야 한다. 이를 위해 파검과 비설은 서로에게 상처를 주는 아픔을 견뎌낸다. 연인의 사랑과 자신의 희생으로 조국을 지킬 수 있다는 신념을 나타내는 색이 바로 파란색이다.

<영웅> 속에서 파란색은 희생을 의미하기도 하고 패배를 의미하기도 하지만, 궁극적으로는 평화를 상징한다. 영화 속에서 시종일관 무명은 파랑, 영정은 빨간색의 배경에서 대화하는데, 영화 속 명(파란색)을 통해 평화를 상징적으로 드러내고 있다.

또한 파란색은 우울함, 슬픔을 상징한다. 진의 군대에 둘러싸인 상태에서 무명의 칼에 희생되는 역할을 하기 위해 서로 달려가는 파검과 비설, 그들은 모두 파란색 의상을 입고 있다.

<그림 Ⅲ-31> 영화 〈영웅〉에서의 초록색 상징

　파검의 이야기로 시작되는 초록색은 회상을 의미한다. 과거 파검과 비설이 만나서 사랑을 나누고 진나라 천의 군대를 물리치고 왕궁에 침입하던 옛 모습을 보여준다. 회상 신에서는 그 누구도 피 흘리지 않는, 어느 누구의 희생도 없이 평화스럽다.

　과거의 회상장면에서 녹색 커튼으로 드리워진 곳에서 영정과 파검의 결투가 벌어진다. 파검이 단칼에 진시황의 목을 벨 수 있는 순간이었지만, 녹색 커튼 뒤에서 마음이 바뀐다. 온통 초록색으로 가득한 스크린 속에서의 초록색 의상을 입은 파검의 모습은 진지하고 평화적이다. 평화주의자라고 할 수 있는 파검은 초록색 의상을 입음으로써 더욱 그의 의지가 부각된다.

흰색(White)

<그림 Ⅲ-32> 영화 <영웅>에서의 흰색 상징

무명의 세 번째 이야기에 나오는 흰색은 모든 의문을 풀어주려는 듯 선명하게 표현된다. 무명이 영정에게 진실을 밝힐 때 사용된 흰색은 순결과 진실을 의미한다. 흰색은 절실한 사랑을 나타낸다. 파검은 비설의 칼에 대응하지 않음으로써 자신의 목숨보다 소중한 사랑을 보여주고, 비설 또한 파검을 따라 죽음을 택하는 절대적인 사랑을 표현한다.

검은색(Black)

<영웅>에서 처음으로 등장하는 색은 검은색이다. 검은색은 현재를 의미하고 진나라를 상징하는 색이며, 진나라의 확고한 통치이념을 나타내는 진시황의 강력한 권력의 표현이다.

결말에서는 진의 궁궐은 온통 검은색으로 되어 있고, 영정도 검은 갑옷을 입고 있다. 진나라 군대의 검은 복장과 무기, 깃발을 휘날리며

<그림 Ⅲ-33> 영화 <영웅>에서의 검은색 상징

달리는 말까지 온통 검은색으로 표현하여 영정의 위엄과 권위, 확고
한 통치력을 상징한다. 진나라의 병사들이 움직일 때면 마치 검은 파
도가 출렁이는 것과 같다.

7) <친절한 금자씨>(2005, 박찬욱 감독)

영화 초반부는 빨간색으로 표현된다. 장미와 피(혹은 딸기 시럽),
벽지, 초, 눈 화장, 하이힐 구두. 이 빨간색은, 본격적으로 백 선생(최

<그림 Ⅲ-34> 영화 <친절한 금자씨>에서의 색 상징

민식)에 대한 복수를 시작하는 이금자(이영애)의 분노에 찬 심리상태를 보여준다.

영화 중반부는 검은색으로 표현된다. 가죽 코트와 구두, 장미 줄기, 어두운 골목, 벽지. 이것은 자신과 딸에 대한 그녀의 보호 본능과 어둠과 고독, 혼란 등을 보여준다.

검은 가죽 코트와 구두는 자신과 딸을 위험한 현실에서 보호하려는 본능과 현실과 맞서 싸우려는 여전사의 이미지를 상징적으로 보여주고, 어두운 골목 끝, 지하 깊숙한 곳에 위치한 이금자의 집은 그녀의 어둡고 폐쇄적인 심리상태를 표현하기에 적절하다.

영화 후반부는 흰색으로 표현된다. 교실에서 커튼을 친 후 창문으로 들어오는 햇살, 폐교를 덮은 눈, 피가 튀기지 않게 입은 흰 비닐과 백 선생의 피를 담은 흰 비닐, 주인공들이 걷는 눈길, 두부 케이크. 이러한 흰색은 구원, 용서, 깨끗함, 순수를 상징한다.

● 명화 속의 색채

1) 상징으로의 색채 사용을 한 초기 르네상스

초기 이탈리아 회화에서는 색채의 상징이 아주 중요했다. 사상가들은 주로 행성이나 자연의 네 가지 요소를 색으로 상징하려 했지만(예컨대 불은 붉은색, 공기는 파란색, 물은 초록색, 땅은 회색) 예술가들은 더 실용적인 문제에 관심을 쏟았다.

예술가와 의뢰인들에게 가장 중요한 것은 색채의 성질과 비용이었

(1453~54년경, 220 × 183cm, 패널에 템페라)

〈그림 Ⅲ-35〉 앙게랑 카르통
〈성처녀의 대관식〉

다. 군청색(ultramarine)은 청금석에서 추출한 것인데 이것은 아프가니스탄에서 채석되어 배로 운반되었다('ultramarine'은 '바다를 건너왔다'는 뜻이다). 군청색은 값이 비쌌기 때문에 그림 속의 가장 중요한 인물에 사용했으며 그중에서도 그리스도와 마리아에게 가장 질 좋은 것을 썼다.

군청색과 맞먹는 다른 색채는 중요인물에 역시 사용되었던 주홍색과 금색이었다. 그것을 잘 드러내는 작품이 앙게랑 카르통(Enguerrand Charonton)의 <성처녀의 대관식>이다.

질 좋은 군청색은 성처녀의 의상에 사용되었으며, 파란색, 금색, 진사의 사용은 기독교 신앙심의 여러 가지 층위를 나타낸다. 금색과 붉은색은 삼위일체, 성자, 천사의 숭배를 나타내며, 파란색은 마리아를 뜻한다.

위 그림은 마사치오의 <십자가에 못 박힌 그리스도>이다. 붉은색 의상은 막달라 마리아의 슬퍼하는 모습을 뜻한다. 그녀는 그리스도가 십자가에 못 박힌 것을 목격하고 머리카락을 늘어뜨린 채 그리스도의 발 아래에서 비탄에 빠져 있다. 그녀의 의상은 그리스도의 피, 희생과 순교

(1426년, 63 × 83cm, 패널에 템페라)

〈그림 Ⅲ-36〉 마사치오 〈십자가에
못 박힌 그리스도〉

의 색깔이다. 고대 이래 붉은색은 피와 삶을 뜻했다. 군청색은 슬픔에 잠긴 세례 요한에게 관심을 집중시키면서 이야기에서 중요한 역할을 담당하고 있다.

2) 완벽한 구성을 보여주는 라파엘로

성모의 복장은 교의상 특별한 의미를 빼고는 보통 붉은색 상의에 푸른색 망토를 걸치게 되어 있다. 왜냐하면 기독교의 도상학에서 빨강은 하늘의 성스러운 사랑을 상징하며 파랑은 하늘의 진실을 상징한다고 되어 있으므로 성모의 의상은 언제나 이 두 가지 색의 조합에 따르도록 정해져 있기 때문이다.

라파엘로의 <작은 의자 위의 성모>에서는 그 점이 훌륭하게 구성되어 있다. 그림에서 보듯이 성모마리아의 팔은 붉은 상의로 덮여 있고 아기를 앉힌 두 무릎은 푸른 망토로 덮여 있다. 이 빨강과 파랑의 선명한 색 면 중앙에는 아기 예수가 있는 셈인데, 예수는 노란 옷을 입고 있다. 따라서 거기에는 빨강, 파랑, 노랑이라는 삼원색의 조화가 생겨난다. 라파엘로의 색채 배합의 묘는 여기에서 그치지 않는다. 이 그림은 라파엘로가 그린 수많은 성모 중에 유일하게 녹색의 숄을 걸치고 있는데, 녹색의 숄과 빨강의 상의는 보색대비를 이루며 또 하나의 화려한 색의 화음

(1515년경, 지름 71cm, 목판에 유화)

〈그림 Ⅲ-37〉 산치오 라파엘로
〈작은 의자 위의 성모〉

을 울리고 있다. 삼원색의 조화와 보색대비라는 이중의 효과를 거두고 있다. 이 두 종류의 색채 효과에 공통되는 것은 빨강뿐이고 노랑, 파랑과 녹색은 서로 관계가 없기 때문에 화면에서도 노랑, 파랑, 녹색은 빨강을 통해 연결되어 있을 뿐 직접 맞닿지 않도록 하고 있다.

3) 자연의 인상을 갈망한 모네와 르누아르

인상주의 화가들은 시각적 경험에 집중하고 주로 야외에서 작업함으로써 색채를 혁신시켰다. 클로드 모네(Claude Monet, 1840~1926)는 이렇게 썼다. "그림을 그리려고 밖에 나갈 때, 나무, 집, 벌판 따위를 잊어버리려고 노력하라. 단지 이렇게만 생각하라. 여기에 조그만 파란색의 사각형이 있다. 핑크색의 비스듬한 도형이 있다. 노란색 줄무늬가 있다. 그리고 나서 보는 대로 그것을 그리도록 하라. 그것이 풍경에 대한 소박한 인상을 줄 때까지."

<양산을 쓴 여인> 작품은 모네가 자기 아내 카미유와 아들 장을 그린 것인데 그가 즐겨 사용한 청보라 색 그림자가 특징적이다. 카미유의 하얀 드레스에는 파란 하늘이나 노란 꽃들의 빛이 미묘하게 비치고 있다. 그래서 모네는 흰옷 위에 옅은 보라나 노랑의 터치를 더했다. 흰옷은 어디까지나 희다고 믿었던 사람들에게 이것은 쉽게 이해되는 일이 아니었다. 다시 말하면, 만약 흰옷에 보라나 노랑의 터치가

(1875년, 81 × 100, 캔버스에 유채)

〈그림 Ⅲ-38〉 클로드 모네
〈양산을 쓴 여인〉

있으면 그것은 반사가 아니라 보
라나 노란 무늬가 있는 옷으로 받
아들질 위험마저 있었다.

이것은 외계를 보는 인간의 눈
이 얼마나 습관이나 약속에 규제
되고 있는지를 잘 말해준다. 모네
는 그러한 습관에 사로잡히지 않
는 순수한 감각의 세계를 추구했
다. 모네는 후일 이렇게 말했다.

(1879년경, 92×71cm, 캔버스에 유채)

〈그림 Ⅲ-39〉 오귀스트 르누아르 〈센
강의 보트 타기〉

"나는 드디어 공기의 진정한 색채를 발견했다. 그것은 보라색이다.
신선한 공기는 보라색이다."

이 그림은 인상주의 화가들이 보색을 어떻게 사용하는지 보여주는
예이다. 밝은 노란색의 작은 배가 순수한 코발트 청색의 반짝이는 넓
은 공간을 가로질러 지나가고 있다. 각 색채는 다른 색채의 성격과
명도를 돋보이게 만들고 있다. 소녀의 의상과 배 주변에 드리워진 그
림자에서 보이는 주홍색은 오렌지색의 흔들림을 더욱 강조한다. 위의
시선은 청색을 본 후에 오렌지색의 잔상을 경험하게 된다.

4) 색채로 내면을 표현한 고흐와 뭉크

네덜란드의 거장 빈센트 반 고흐(Vincent Van Gogh, 1853~1890)와
노르웨이의 화가 에드바르 뭉크 (Edvard Munch, 1863~1944)는 과장
되고 왜곡된 방식으로 색채를 사용하여 독특한 개성을 보여주었다.
고흐는 이렇게 말했다. "나는 눈앞에 있는 것을 정확하게 표현하는

(1889년, 73 × 91.5cm, 캔버스에 유채)

〈그림 Ⅲ-40〉 빈센트 반 고흐
〈아를의 침실〉

것이 아니라 마음대로 색채를 사용하여 더욱 강력하게 나 자신을 표현하고 싶다." 색채의 자연주의는 그의 관심사가 아니었다. 중요한 것은 색채가 불러일으키는 강렬한 정서였다. 그와 마찬가지로 뭉크도 격렬한 색채와 복잡한 선의 율동을 사용하여 그가 특별히 집착하고 있는 것을 표현했다.

이 작품에 관해서 고갱에게 보낸 편지에서 "……색 면은 평탄하지만 큰 터치로 듬뿍 칠했지. 벽은 옅은 보라색, 바닥은 바랜 듯한 거친 붉은 갈색, 의자와 침대는 크롬 옐로, 베개와 시트는 옅은 녹색이 비낀 레몬색, 담요는 피처럼 빨간색, 테이블은 오렌지, 세면기는 파랑, 창틀은 녹색이야. 나는 이것들 하나하나의 색으로 절대적인 휴식을 표현하려고 했네. 하얀 부분이라면 검은 틀로 둘러싸인 거울 면뿐이지……."

여기에서 중요한 것은 색채이며, 색채는 단순화에 의해 사물에 한층 큰 양식을 부여함과 동시에 여기에서는 일반적으로 휴식 내지는 수면을 암시한다고 쓰고 있다. 결국 고흐는 색채에서 단지 외계의 재현 이상의 역할을 찾고 있었던 것이다.

그는 또 다른 편지에서 "파랑과 빨강으로 인간의 두려운 정념을 표현하고 싶다"라든가 "연인들의 사랑을 두 개의 보색의 조합으로 표현할 것"이라든가 "색채는 정열적인 기질을 가진 어떤 종류의 감동을 암시한다"는 등의 종종 인용되는 말들은 모두 색채의 표현력에 관한 고흐의 생각을 이야기해준다.

<아를의 침실>에서 고흐의 말대로라면 '휴식'이라는 이미지를 표현해야 했다. 그러나 반드시 고흐의 그런 의도를 충분히 실현했다고는 말할 수 없다. 이미 보았듯이 얼른 보면 엄밀한 법칙에 따르고 있는 것 같지만 실은 조금씩 어딘가가 어긋나거나 비틀어져 있는 이 화면에서 우리가 받는 인상은 평화로운 휴식이라기보다 오히려 기분 나쁘기까지 한 불안정과 초조함이다. 고흐의 당시의 정신 상태를 반영하고 있다고 해도 좋을 것이다.

뭉크의 <절규>는 '사랑과 죽음'을 주제로 한 비범한 연작 '인생의 띠 그림'의 하나이다. 이 그림은 그가 해 질 녘에 해안을 따라 산책하던 중 영감을 얻었다고 한다. 배경에는 크게 물결처럼 일렁이는 파란 피오르와 물 위에 떠 있는 몇 척의 배가 보인다. 그 위에 '불과 피'의 색으로 물든 노을 진 하늘이 거대한 깃발처럼 펄럭이고 있다. 그 하늘의 불길한 빛을 받아 앞쪽의 다리 난간도 빨강과 노랑으로 물들어 있다.

피곤하고 병든 상태에서 구름은 핏빛의 붉은색을 띠고 자연의 모든 색채는 날카롭게 비명을 지르는 듯하다. 이 효과는 격렬하고 적나라한 색채와 굽이치는 선의 충격파를 통해 전달되고 있다. 왜곡된 원근법의 대각선을 따라 '절규'가 감상자에게 돌진해온다. 붉은색과 담자색의 놀라운 대비가 오감에 침투하고 있다. 이러한 색채의 조합은 날카로운 외침이 귀를 찢는 것처럼 눈에 상처를 남긴다.

(1893년, 73.5×91cm, 캔버스에 유채)

〈그림 Ⅲ-41〉 에드바르 뭉크
〈절규〉

5) 황금빛 환상의 클림트

처음엔 누구나 온 세상을 황금색으로 치장해도 모자랄 것 같은 환상을 가지고 사랑을 시작한다. 경험해보지 못한 미지의 세계이기에 사랑이라는 이름만으로 가슴 떨리는 환상을 열어갈 수 있다.

사랑은 아무리 감추려 해도 빛이 난다. 꿈꾸는 세상을 같이 열어갈 사랑을 만나는 것처럼 황홀한 것이 없기에 사랑을 하면 온몸에 사랑의 빛이 나타나 사람들 눈을 피할 수 없다. 구스타프 클림트(Gustav Klimt, 1862~1918)의 <키스>는 황금빛 첫 키스의 환상과 닮아 있다.

청순함과 요염한 모습이 동시에 나타나는 여인의 표정은 수줍은 듯 망설이면서도 사랑을 가슴 깊이 받아들이고 있고 손은 어디에 두어야 할지 어색해하면서도 행여 놓칠까 남자의 목을 꼭 잡고 있다. 그리고 남자는 여인의 전부를 빨아들일 듯이 꼭 붙어 있다.

황금빛 망토에 싸여 있는 두 남녀의 모습은 인류가 생긴 이래 사랑의 모습은 똑같다는 것을 보여주고 있다. 황금색이 불멸의 색이듯 사랑의 모습도 변하지 않는다.

하지만 그 사랑은 시간이 지나면서 조금씩 변하고, 온 세상에 황금빛 찬란함만이 존재하는 것이 아니라는 것을 알면서 서서히 인생에 눈을 뜨기 시작한다. 사람이 성장을 하듯이 사랑도 성장을 하는 것이다.

(1907~1908년, 180 × 180, 캔버스에 유채)

〈그림 Ⅲ-42〉 구스타프 클림트 〈키스〉

6) 피카소의 변화하는 팔레트

스페인의 천재화가 파블로 피카소(Pablo Picasso, 1881～1973)는 대단히 오랜 활동 기간 동안 끊임없이 새로운 양식과 주제를 탐구했다. 그중에서도 색채는 가장 유용한 도구였다.

그의 색채는 '청색시대' - 청색을 주조로 한 슬픈 분위기 때문에 그렇게 불린다 - 의 차가운 파란색부터 만년의 유쾌하고 야한 색채에 이르기까지 광범위하게 걸쳐 있다. 입체주의 단계에서는 전통적으로 지적인 측면과 연관된 선과 형태에 집착했고 감성 측면과 연관된 색채는 사실상 배제하였다. 그러나 나중에 피카소는 흑백과 컬러 사이를 자유롭게 옮겨 다니면서 이따금 풍부한 실험정신으로 같은 주제를 변형시켜 나갔다. 몽마르트에서의 '청색시대' 동안 피카소는 청색을 주조로 그림을 그리며, 모든 것을 푸르게 느끼면서 밤을 지새우는 생활을 계속하였다. 그가 좋아하는 색깔로서의 청색, 이 시기 그가 사물과 세상을 바라보는 방식으로서의 청색, 게다가 그가 입고 다녔던 옷들의 색깔까지도 청색이었다고 하며, 그는 청색이야말로 '모든 색을 다 담고 있는 색깔'이라고 말할 정도였다고 한다.

<외투 입은 자화상>에서 지독한 가난과 심한 성병에까지 찌들었던 화가는 청색을 이용하여 비참하고 궁핍한 자신의 모습을 오히려 신비롭게 표현하고 있다. 피카소는 당시의 괴로움과 절망을 새로운 예술의 원

1901년작, 유채, 61×81 파리 피카소 미술관 소장

〈그림 Ⅲ-43〉 피카소 〈외투를 입은 자화상〉

천으로 삼았던 것이다.

파리에서 완전히 정착한 피카소는 곧 첫 번째 애인 페르난도 올리비에를 만남으로써 그의 좌절감은 사라졌다. 이 시기부터 그는 세련된 장밋빛과 갈색 톤으로 어릿광대와 곡예사 같은 그림을 즐겨 그렸다. 1905~6년 사이에 그려진 장밋빛시대 혹은 서커스시대의 그림들은 감상적이고 로맨틱한 것이었다.

오랜 준비 기간 끝에 완성된 이 대작은 장미색 시대로의 전환점을 기록하는 작품이다. 사회비관주의에서 벗어나고, 이전 작품보다 절제된 분위기가 두드러지고, 색채 또한 절제감을 나타낸다. 소묘와 색채는 조용하고, 이상스럽게 애조 띤 매력을 이 작품에 부여하고 있다.

시인 라이너 마리아 릴케는 이 작품의 분위기에서 영감을 받아 그의 작품의 서두에 표현하기도 했다. 청색시대의 분위기는 지속되고 있으나, 부드러움을 표현하고 유연한 선으로서 달리하고 있다.

● 색채 상징의 활용

그림은 작가의 내면을 담아내며, 그림 속의 색채에도 내면을 읽을 수 있는 열쇠가 담겨 있기 마련이다. 그림 속의 색채를 통해 표현된 무의식적 세계가 투영된다.

그림 속의 색채로 작가의 내면을 담아낸 '색채 일기' 형식의 그림 사례들을 보면 다음과 같다.

1) 색채 일기

파랑, 노랑, 빨강은 기본적 색이다. 자연을 생각하면서 원시적 자연·
생명의 모태가 되는 삼원색을 가지고 표현하였다. 또한 나의 속에 있는
에너지를 밀려드는 파도와 같이 분출되는 '영'처럼 나의 속 안에서
끓어오르는 느낌을 표현하고 싶었다.

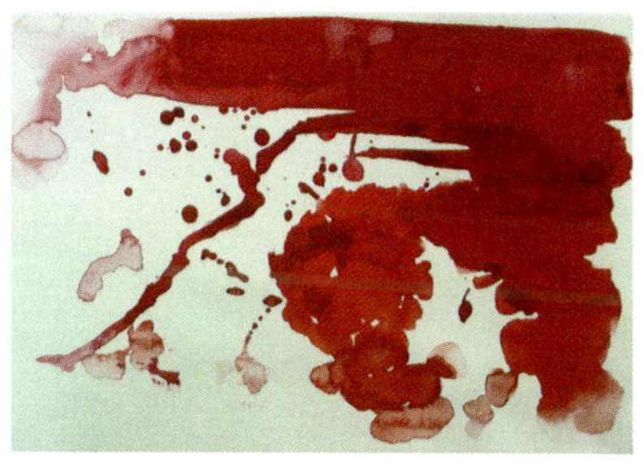

오늘 사용한 색을 보면 평상시에는 내가 전혀 쓰지 않고 꺼려하던
색들이다.

요즘 내 뜻대로 잘되지 않아 화가 나는 일이 많은데 화를 표출하지 않
고 참으려고만 하는 것 같다. 그림을 그리면서 분출한다는 느낌이……

평상시에는 보라색 계통의 색을 좋아하지 않는데 요새 보라색을 보면 빠져들고 싶다는 생각이 든다. 생각이 많다.

미래에 대한 희망적인 색깔을 생각하다가 노란색, 연두색, 분홍색이 표현됐고, 우연적인 효과로 내 마음의 색깔과 감정, 기분이 자연스럽게 표출된 것 같다.

답답하게 갇혀 있는 내가 창문 밖으로 바라본 바다. 그리고 맑은 하늘, 현재 창밖으로 보이지 않으나 상상하며 저곳으로 가고 싶어 함. 탈출을 꿈꾸는 나. 왜 답답한가? 과제, 기말, 졸업, 스트레스, 쉬고 싶다, 여행……

자주색과 노란색. 불과 몇 년 전만 해도 자주색에 무척 빠져 있었다. 그림 속에 언제나 등장하는 색이 자주색이다. 지금 이 그림은 과거와 현재의 공존 그리고 앞으로의 연장선을 의미한다.

초록색은 편안함과 신선함을 가져다준다. 그리면서도 편안함이 느껴졌고 무언가 정리되고 안도감을 가져왔다.

구겨짐(검은색+녹색).

여름…… 그리고 도약.

구겨진 종이(도화지)와 흰색 크레용은 현재 내 머릿속이다. 생각하고 또 생각하는 고민하는 내 모습이며 먹물은 나의 환경, 실제 생활 공간이다. 한국화를 배우고 있어 먹물은 친숙한 느낌으로 은은한 묵향은 마음을 차분하게 한다(세상은 살 만한 곳).

녹색, 진초록 물감은 발전하고 싶은 의지이자 노력으로 여름의 짙은 초록색 나무처럼 도약하고 싶다.

아쉬운 점이 있다면, 구겨진 느낌을 신문지나 한지로 강조하고 싶다. 한 장 더 그린다면 노란색 물감을 은은하게 사용하고 싶다. 녹색, 연두색 대신 밤하늘의 별 느낌의 이미지도 좋을 것 같다.

분홍+노랑.

답답하고 정확하게 분리되어서 경계를 긋고 싶다.

가족 안에서의 문제가 좀 있다. 걱정하거나 침범하거나 하지 않으려고 하는데 가족이라는 것 때문에 직접적으로 표현을 하지 않아도 언제나 마음이 가고 신경이 쓰여서 마음이 우울하다. 걱정과 생각이 가지 않았으면 좋겠다는 마음에서 검은색은 경계를 그었으며 핑크색은 가족을 표현하였다. 걱정과 사랑 그러나 문제들이 엮여 있는 것 같은 느낌이다.

파란색은 나의 걱정스러운 마음, 우울한 기분이다. 노란 꽃은 나만 생각하고 싶다는 느낌을 표현했다.

노랑+주황.

자신의 혼란스러운 마음을 채색도구를 사용하여 선으로 표현하다
보니 마음이 정리되는 느낌이었다.

2) 미술치료와 색채

미술치료란 단어가 갖고 있는 의미 그대로 미술을 통해 치료의 효
과를 얻는 것을 목표로 한다. 미술 작업 과정 속에서 스스로를 탐색
하고 통찰하며 자신과의 대화를 가능케 한다. 숙련된 미술치료사와의
작업을 통해 진단에서부터 치료에 이르기까지의 종합적인 도움을 받
을 수 있다. 미술치료에서 색채는 내담자의 내면을 볼 수 있게 하는
하나의 매개체가 된다. 미술치료의 예시는 다음과 같다.

〈그림 Ⅲ-44〉 치매 환자들의 작품

이 그림은 한 치매환자의 작품들이다. 꽃을 좋아하는 환자의 작품 속에는 꽃의 이미지가 많이 나타나며 늘 다양한 색채를 통해 자신의 내면을 발산한다. 치매로 인한 제약적인 환경 속에서 다양한 색채를 통해 내면의 스트레스와 부정적인 감정들을 발산하고 감각적인 경험을 함으로써 성취감과 만족감을 느끼고 있다.

색채와 심리

1. 색채치료의 개념 및 효과

우리는 항상 컬러로 둘러싸여 있으나 대부분 그것의 의미를 모르고 있고, 컬러가 가진 영향력을 느끼지 못하거나 무시한 채 살고 있다. 컬러는 인간의 삶 전반에 큰 영향을 주고 있으며, 우리가 깨어 있을 때는 물론, 잠을 자고 있는 순간까지 우리의 모든 에너지 체계에 깊이 관여한다.

일반적으로 색은 빛으로부터 오게 되는데, 이 빛은 체내에 흡수되어 뇌 속의 시상하부를 자극하여 혈압, 체온, 호흡, 소화, 성기능, 기분상태, 면역체계, 노화과정 등과 같은 조절 기능을 원활히 함으로써 건강을 증진시킬 수 있도록 작용한다. <표 Ⅳ-1>에서 시각을 통한 색채자극이 오감의 감도 중 87%의 비율을 차지하고 있는 것을 보면 색이 신체에 미치는 영향력을 확인할 수 있다. 색채는 시각으로 감각되고 지각되는 것이지만 실제로 시각 이외의 다른 감각으로 파급되는 경우가 많다. 루이스 체스킨(Louis Cheskin)은 시각을 일으킨 색채가 시각 외의 다른 감각으로 전이되는 현상을 감각전이(感覺轉移)라고 하면서 이것은 촉각, 후각, 미각 등으로 파급된다고 주장하였다. 이와 같이 시각은 인체의 전감각과 연관되어 막강한 영향력을 미치게 된다. 그리고 전 감각적으로 얻게 되는 색채감은 의식적·무의식적으로 저장된 기억이나 경험으로 인간의 행동을 결정하거나 인식하는 데 크게 영향을 끼친다.

<표 Ⅳ-1> 오감(五感)의 감도(感度)

오감	감도(%)
시각	87.0
청각	7.0
후각	3.5
촉각	1.5
미각	1.0
계	100.0

출처: 박도양(1977), 『실용색채학』, 이우.

건강을 유지하는 조절 기능이 파괴된다는 것은, 즉 사람 고유의 생체리듬이 깨진다는 것이며, 작게는 피로와 수면 장애로부터 크게는 질병에 이르는 장애가 발생하게 된다. 이럴 때 각 색채에 따른 특성을 활용, 인공적인 광선을 몸에 비춤으로써 파괴된 생체리듬을 회복하여 치료하는 것이 색채치료의 기본 원리이다. 빛의 스펙트럼에서 나오는 색들을 완벽하게 받아들이는 가장 확실한 방법은 자연광에 자신을 노출시키는 것으로, 고대 그리스인과 이집트인들이 주로 그 방법을 사용하였다. 하지만, 안타깝게도 우리가 원할 때마다 혹은 필요할 때마다 태양을 통하여 우리 몸에서 치료의 구실을 하는 빛을 받아들인다는 것이 항상 가능한 일은 아니다. 그러한 이유 때문에 색채치료의 도구들이 개발되었고, 그 도구들은 스펙트럼 내에 있는 특정한 색을 분리해서 신체적인 투사, 즉 색채 시각화의 암시, 명상 같은 기법에 활용된다. 스펙트럼의 가장 짧은 파장은 보라색, 긴 것은 빨간색이며 그 사이에는 무수한 색이 있다. 우리는 매일 지극히 자연스럽게 자신의 기분이나 몸 상태에 맞는 파장의 색을 선택한다. 기분이 좋지 않은 날에는 안정된 색의 옷을 입고, 해방감이 느껴지는 날에는 밝은 색을 선택하는 식이다. 음식도 기름기가 많은 음식만 먹게 되면 산뜻한 야채가 먹고 싶어지듯이 몸의 조정기능이 색채에 대해서도 작용하고 있는 것이다. 하지만 매일 좋아하는 색의 옷만 입게 되지는 않는다. 그러나 그림은 아무런 규제도 없기 때문에 좋아하는 색을 마음껏 선택할 수 있다. 심신이 원하는 색을 사용하고 그 파장의 자극이 눈을 통해서 뇌로 전달되어 자율신경계나 호르몬 분비에 작용하는 것, 이것이 색채가 갖는 테라피 효과의 메커니즘이다.

테라피(Therapy)란 '요법' 또는 '치료'라는 뜻으로 심신의 컨디션을 좋게 하는 간접 치료 방법들을 통칭하는 의학용어이다. 약물치료나 수술 같은 직접적인 질병 치료 방법에는 한계가 있고 몸과 마음의 고통을 주기도 하는데 이런 정통 치료요법의 효과를 높이고 고통을 줄이는 보조수단들, 예를 들어 운동치료, 웃음치료나 음악치료가 전부 테라피의 범주에 들어간다. 현재 일반적으로 쓰이는 테라피의 개념은 여러 분야로 나눌 수 있지만 그 목적은 건강한 삶을 유지하고자 하는 것에 있다.

색을 이용한 치료는 이미 오래전부터 중국, 인도, 티베트 등지에서 시작되었으며 색에 대한 이러한 이해와 인식은 수천 년을 거쳐 수용되고 그 폭을 넓혀왔다. 색채치료에 대한 정의는 의사, 화학자, 심리학자 등 많은 연구가들에 의해 각각 조금씩 차이가 있으나, 일본의 카시마 하루키(Kashima Haruki)가 연구하고 창안한 색채치료(Color therapy)는 색의 에너지와 성질을 심리치료와 의학에 활용하는, 다시 말해 "색채를 이용하여 질병의 원인을 진단하고, 치료하며, 색채로써 치료 결과를 평가하는 요법"이다. 곧, 색(色)을 이용해 질병의 원인을 진단하고, 색으로 다양한 질병에 대해 직접적으로 치료를 하며, 색으로서 치료 결과를 평가하는 것까지 동시에 할 수 있는, 지금까지 생각하지 않았던 21세기의 새로운 대체·보완의학이라고 할 수 있으며, 생명과학에 대한 새로운 도전이라고 할 수 있다. 색채치료는 신체가 조화롭게 되돌아가기 위해 색채 광선으로 사람을 치료하는 것을 포함하고, 그것으로 건강을 되찾고 행복해지는 것이다. 색채 요법은 대체의학의 한 분야로서, 전 세계적으로 연구가 활발하게 진행되고 있는 분야이다. 진동요법보다 정밀하며, 색채의 물리적인 측정보다는 감정적인 측정에 보다 관심을 가지고 발달해왔다.

● 색의 심리적 이해

인간은 환경에서 80%의 정보를 얻는다. 색은 환경에 속해 있다. 그러므로 색은 자연적이고 인위적인 또는 구조적인 환경을 이해하는 데 필수적인 정보와 통신의 수단이 된다. 환경에서 색을 느낀다는 것은 항상 시각적·관념적·공감각적·상징적·감정적·생리학적 효과를 수반한다.

색을 '본다'는 것은 단순히 이러한 자극을 눈으로 인식하고 대뇌의 감각세포가 생물학적으로 자극을 받는 것보다 더 심오하고 복잡한 과정이다. 외부세계에서 받은 색 자극은 내면세계(심리)의 반응과 관련되어 있다. 괴테는 "내제하는 것이 없으면 외재하는 것도 없다. 왜냐하면 내부가 곧 외부이기 때문이다"라고 말했다.

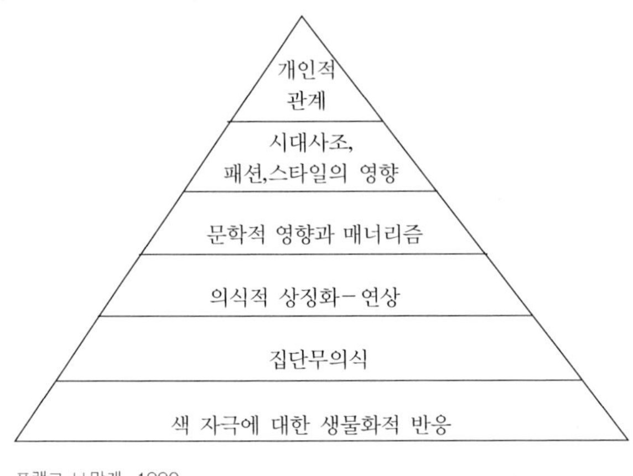

프랭크 H.만케, 1990

〈그림 Ⅳ－1〉 색 경험의 피라미드

색을 인식한다는 것은 체험한다는 의미가 된다. 즉, 의식적이거나 그냥 깨닫게 된다는 말이다. 이 경험의 과정에서는 여러 가지 요인이 작용하게 되는데 일부는 의식적인 수준에서 다른 일부는 무의식적인 수준에서 작용한다. 여러 가지 상관관계를 가지고 있기 때문에 색 경험은 한정적으로 체계를 잡거나 분류할 수 없다. 그러나 6개의 관련 요소가 이러한 체험에 영향을 준다고 가정해 볼 수 있다. 6단계의 피라미드를 이용하여 하단부터 (1) 필수적인 생물학적 반응, (2) 집단무의식, (3) 의식의 상징화, (4) 문화적 영향과 매너리즘, (5) 시대사조, 패션, 스타일의 영향, 그리고 최고 단계로 (6) 개인이 만들어야 하는 '개인적 관계'가 있다. '개인적 관계'는 모든 다른 단계와 연관되어 영향을 받는다.

6단계의 요소들을 통하여 몇 가지 색에 대한 인간의 반응을 나타내는 결과를 도출해낼 수 있으며, 이러한 것들은 생활디자인에 중대한 영향을 끼친다. 만약 환경에 대한 인간의 반응이 이해된다면 환경 분야에서 색채와 관련된 일을 하는 사람들은 처음에 뇌의 생리적 방법이 어떻게 기능을 하는지 그리고 외부로부터 얻은 정보가 어떻게 기능을 하는지 그리고 외부로부터 얻은 정보가 어떻게 느낌과 생각 그리고 행동으로 전환되는지 자세히 검토해야 한다.

또한 색에는 자연의 색, 관습의 색, 경험의 색을 통하여 여러 가지 연상이 생기게 된다. 유사한 환경에서 생활하는 사람들은 색에 관한 공통된 연상을 가지게 되는데 이러한 공통된 연상이 형성되면 색에 대한 상징이 나타나게 된다. 색채학자 칼튼 바그너(Carlton Wagner)는 색에 대한 심리반응을 불러일으키는 조건에 대하여 다음과 같이 설명하고 있다.

(1) 유전: 인간의 내분비선 체계는 부모로부터 물려받은 신경 전달 체계 때문에 어떤 색에 대해 특정한 방식으로 반응한다. 내분비선은 뇌에서 인식하는 대로 색에 반응을 한다.

(2) 학습: 과거의 어떤 사건이나 사람들의 영향에 의해서 현재의 특정 색에 대해 반응을 하게 된다.

(3) 지형적 영향: 지형의 고유색이 선호색이 될 수 있다.

(4) 지역 차이: 각기 다른 지역에서 특정 색들에 대한 문화적 태도가 다양한 형태로 나타난다.

(5) 빛: 빛의 성질과 특성에 따라 같은 색을 다르게 경험하게 한다.

(6) 기후: 일 년 중 각 계절은 특정적인 기온과 명암의 비율을 가지

고 있다.

(7) 소득: 경제적 계층은 지위를 나타내는 표시를 이용한다.

(8) 교양: 성장과 경험으로부터 새로운 색을 좋아하게 되는 경향을 갖는다.

● 색의 신경학적 이해

뇌기능을 완전히 이해하기 위해서는 여전히 많은 시간이 필요하다. 뇌기능을 완전히 이해한다는 것은 수천억 개의 세포를 포함해서 어느 순간에 중추신경계에서 일어나는 무수히 많은 미세한 교류와의 수많은 관계를 통해서 연결되는 최후의 영역이자 위엄 있는 영역을 이해한다는 것이다.

뇌는 효과적으로 정보를 처리하는 장치이고 또한 인간의 행동에 영향을 미친다. 신경정신학자들은 중추신경 구조를 연구하여 신체의 기관과 다른 부분이 어떻게 인간에게 영향을 미치는가를 발견하려고 한다. 뇌와 근육 및 땀샘 활동 간의 관계를 이해하는 문제가 신경 정신학자들이 연구할 문제이다.

색이 우리가 외부에서부터 받아들이는 가장 강한 자극제 중 하나이기 때문에 맨 처음 다가오는 정보를 받아들이는 뇌의 구조를 이해하고 그 구조들이 어떻게 역할을 하며 색을 어떻게 다루는지를 이해하고 신체의 근본적인 과정을 통제하는 것이 중요하다.

대뇌피질(Cerebral Cortex)

대뇌피질은 대뇌를 덮는 회백질이다. 이 피질은 모든 신경세포의 90%를 차지한다. 이것은 감각기관의 충격을 받아들여서 인식하고 그로 인해 지각하는 기억력, 생각, 암기능력, 지능에 있어서의 필수적인 역할을 담당하고 있다. 감각기관의 충격은 대뇌피질을 구성하는 기능적인 영역의 일부이다.

대뇌(Cerebrum)

뇌의 가장 크고 가장 진보된 부분이자 이성, 상상력, 창의력이 만들어지는 곳인 대뇌는 자발적이고 지각적인 과정을 통제한다. 대뇌는 생각이 형성되는 곳이다. 대뇌는 두 개의 반구로 이루어진다. 오른쪽은 상상력, 통찰력, 예술에 대한 인식력, 입체적인 모양 그리고 음악에 대한 인식력을 통제하며 왼쪽은 논리적이고 과학적인 생각을 통제한다.

시신경상(간뇌의 일부)(Thalamus)

4개의 감각적 충동인 시각, 청각, 미각, 촉각은 시신경상에 집중되어 있다. 이런 메시지는 각각 분류되어 대뇌피질의 적당한 곳으로 다시 전달된다.

시상하부(Hypothalamus)

시상하부는 신체의 내부 환경의 변화를 감시하고 혈압과 체온을 규제하는 중심부를 포함하고 있다. 시상하부는 또한 감정을 행동으로 전환시키는데 뇌의 중개자 역할을 한다. 생각의 작용에 의하든 외부적 자극에 의하든 간에 분노, 두려움, 기쁨이나 흥분 같은 격렬한 감

정의 반응이 마음속에서 생길 때 시상하부는 자율신경계와 뇌하수체
에서 나오는 호르몬의 방출을 통한 생리적 변화 신호를 보낸다. 이것
은 어떤 압력에 대해 반응하는 데 주요한 영향을 미치고, 또한 배고
품, 갈증, 섹스 같은 작용을 조절한 것으로 생각된다.

뇌하수체(Pituitary Gland)

이 작은 둥근 기관은 신체의 주요 내분비선이다. 그 분비물은 다른
분비선의 활동에 영향을 미친다.

소뇌(Cerebellum)

소뇌('작은 뇌'라는 라틴어에서 옴)는 근육의 공동작용, 균형감각
과 공동작용에 의한 움직임에 필요한 신호를 처리하고 보낸다.

그물 형태(Reticular Formation)

G. 모루치(G. Moruzzi)와 H. W. 마곤(H. W. Magoun)이 1949년에 발
표한 연구는 우리가 자극에 대하여 일반적으로 보이는 반응에 대한
이해에 있어 중요하다고 판단되는 관찰들을 보여주었다. 뇌와 척수로
이루어진 중추신경(central nervous system, CNS)은 모든 인간 행동의
중요한 조절 중추이다. 조사를 통하여 전체 신경계에 작용하는 그물
망 형태인 뇌간의 첫 번째 활동부위인 중추신경계의 높은 중추에 도
달하는 구심성 신경에 의해 전달되는 모든 박동을 발견할 수 있었다.
그물 형태는 전체 신경계의 준비상태에 영향을 주는 것처럼 보인다.
이것은 '상승 그물망 작용시스템(ascending reticular activation system,
ARAS)'을 통하여 고안되었다.

인간은 시각적 분야에서 얻은 정보나 그 전체가 ARAS에 영향을 미치는 것을 포함하는 수많은 종류의 자극을 접하게 된다. 리카르트 퀼러(Rikard Kuller)는 "ARAS는 다른 것에 대하여 과부화된 감각 중추의 한 극단에서 감각적 박탈감으로부터 형성된 자극들을 위한 정화된 상태로 간주될 것이다"라고 설명하였다(1981, p.234).

시각(혹은 시각적 자극)에서 오는 정보의 대부분은 기본적인 행동이론을 이해해야만 하는 디자이너의 손에 있다. 모루치와 마곤의 이론은 다양한 방법으로 수정되었다. 그물망 작동은 단지 외부 자극뿐 아니라 최고 신경 중추로부터 발생하는 박동과 같은 정신적 작용을 통해서도 발생한다. 인식 메커니즘, 지각, 기억, 판단 등은 수용되는 자극의 상당부분이 처리되도록 작용한다. 이러한 박동들은 그물 형태의 피질로부터 내려온 것이다. 따라서 두 개의 기능적 시스템이 있는 것처럼 보이는데, 상승 그물망 작용시스템을 비롯한 하강 그물망 작용시스템(descending reticular activation system, DRAS)을 의미한다. 인간의 자극수준은 아마도 대뇌 피질이 분석을 할 시간을 가진 후에 DRAS를 경유하거나 박동이 피질에 전달되기 전에 자극(tonic arousal)이라 불리는 두 가지 구성요소로 나누어진다. 강직성 자극이 연장된 기간 동안에 평균 반응수준을 나타내는 것인 반면, 국면성 자극은 반응에 대한 즉각적인 반응을 의미한다. 강직성 자극의 수준은 국면성 자극의 반응이 발생함에 따라 위, 또는 아래로 점차 변화한다. 관련된 그물 형태는 이러한 과정 동안에 자극의 수준을 정상상태로 유지하려 한다. 그러나 그것은 또한 감각박탈이나 스트레스 연구에서 보이는 것처럼 제 구실을 못 할 수도 있다.

요약해 보면 모든 반응은 그것이 외부적으로 발생했든 내부적으로

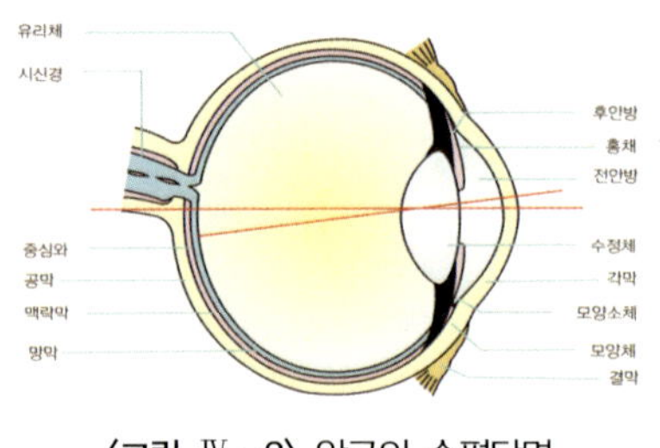

〈그림 Ⅳ-2〉 안구의 수평단면

발생했든 짧고 일시적인 자극반응이 된다. 반복효과는 상향 또는 하향의 강직성 자극 이후에 바뀔 것이다. 그 순간에는 개인의 감정 상태에 변화가 온다.

색채심리학은 광범위하고 복잡한 분야이다. 색채심리학을 두 가지 개념으로 설명하자면, 그 첫 번째 개념은 응용된 혹은 실제적인 색채심리학이다. 응용된 색채 심리학은 보통 마케팅이나 건축 환경 디자인에서 적용될 수 있는 개념이다. 색채 심리학적 효과(색의 이미지 연관, 인상, 색의 특성)들은 시각적 분위기를 조성하기 위해 미리 결정된다. 이 시각적 분위기는 마케팅뿐만 아니라, 색 사용자의 심리학적·생리학적 측면 그리고 행복의 측면에 도움을 주게 될 것이다.

두 번째 개념은 심리학 자체에 있어서 색의 사용과 관련되어 있다. 이 두 번째 개념을 심층적 색채심리학이라고 하고 다양한 심리진단용 색 테스트를 포함한다. 대체로 심리진단 색 테스트는 예능 심리치료 등에서 개인의 색 사용을 심리 진단적으로 해석한다든지 개인의 특성, 개성 등을 조사하는 데 이용된다. 또한 이 개념은 심리치료에 있어서 유용한 도구로서의 색을 이용하는 어떠한 활동도 포함시킨다.

색채를 이용한 색채치료는 우리가 색을 보고 인식할 수 있다는 전제가 있어야 가능하고 우리가 색을 볼 수 있는 것은 빛이 있기 때문이며 색채는 이 빛의 반사와 흡수로 만들어진다. 주위의 모든 사물은 자신에게 필요한 빛은 흡수하고 필요하지 않은 것은 반사하면서 고유의 색을 갖는다. 예를 들어 나뭇잎은 역설적이게도 자신에게 필요한 색광은 흡수하고 불필요한 녹색광은 반사하기 때문에 초록빛을 띤다. 이렇게 만들어진 색채는 시신경을 통해 뇌로 전달되고, 이로써 인간은 색을 통한 자극을 받게 되는 것이다.

지구상의 모든 색채와 물질에는 고유의 파장이 존재해 서로 영향을 주고받는다. 색의 진동은 우리의 몸에 흡수되어 몸 안의 모든 조직에 활력을 복구시켜 주고 정신적인 회복도 촉진해 신체와 정신, 감정이 조화롭게 어우러지도록 하고 따라서 색채를 적절히 선택, 활용하면 인체에 긍정적인 에너지를 생성시킬 수 있다.

색채치료는 신체의 자연 치유력을 강화시켜 질병을 이겨낼 수 있도록 돕고 스트레스 등 의학적으로 진단하기 어려운 원인에 접근이 가능하다. 또 약물이나 주사제와는 달리 부작용이 전혀 없다는 장점을 가지고 있다.

광선이 눈으로 들어오면 광선이나 색깔에 예민한 수백만 개의 세포, 즉 광수용체라고 불리는 세포가 광선을 전기적 자극으로 변환시킨다. 이렇게 변한 전기적 자극은 시신경을 따라 뇌로 전달되고 시상하부 샘을 활성화시킨다. 시상하부는 내분비 계통의 일부분인데 여기서 분비되는 내분비 물질이 혈압, 체온, 호흡, 소화, 성 기능, 감정, 면역기능, 노화작용, 일일 리듬 등 대부분의 신체기능을 관장한다.

색채가 인체에 미치는 효과는 1951년 러시아의 S. V. 클라코브에 의해서도 증명되었는데 그의 연구에 따르면 빨간색은 교감신경, 파란색은 부교감신경을 자극한다고 주장하고 있다. 또 어떤 색깔은 호르몬 분비를 촉진하고 반대로 어떤 색깔은 억제한다는 실험결과도 발표되었다. 미국의 쉴리 박사는 색깔이 있는 광선을 이용하여 통증과 우울증을 치료하고 있고 그는 광선의 자극이 신경 화학적 분비에 변화를 일으킨다고 주장한다. 뇌가 각각 다른 빈도의 광선과 색깔에 서로 다른 특수한 반응을 일으킨다는 것이다. 로스앤젤레스의 피쉬 박사도 색깔이 있는 광선을 이용해 통증, 내분비 질환, 월경불순, 당뇨병, 소화기 질환, 우울증, 두통, 관절염, 알레르기, 인후통, 스트레스 등을 치료하고 있다. 미국의 다우닝 박사는 광선과 색깔이 눈의 망막을 자극하면 신경 전류(광전류)로 바뀌는데, 이 광전류의 저하는 학습능력과 집중력 저하, 기억력 상실, 몽롱한 정신, 협응능력과 수행능력 저하, 수면장애, 자존심 상실, 불안정한 정서, 계절적 정신 질환, 우울증, 공포와 불안증, 과잉 행동장애, 피곤, 두통, 광선알레르기, 주변시야 저하, 야맹증 등의 증상을 유발한다고 말한다. 또 적당한 색깔을 지닌 광선을 눈에 조명함으로써 광선전류 결핍증을 없애거나 감소시킨다는 사실을 관찰, 보고하였다.

색채의 지각은 시각에 이루어지는 메커니즘으로 색의 지각은 생리적인 현상인 동시에 감각을 통하여 하나의 감정을 일으키는 심리적 현상이다. 이러한 색채감정은 개성이나 환경, 조건 등에 따라 서로 다른 감정을 갖게 된다. 이러한 심리작용이 본능적일 수도 있으나 대상을 통한 경험에 고유한 감정을 가질 때도 있으며 환경과 사물의 관계에서 여러 가지 연상적인 감정이 일어난다. 이러한 부분을 반영한 색채의 상징성을 색채치료에서도 적용하고 있는데 또한 색과 형의 관계에서 우리들은 색이나 형을 볼 때 그것을 형태로 지각할 뿐만 아니라 색의 형에 대하여 감정이 더해지게 되므로 색과 형에 대한 심상이 생기게 된다. 색이 사람의 감정이나 기분에 미치는 효과를 실생활에 이용하여 '색채치료(Color therapy)'를 행하기도 한다.

생활에서 색의 심리적인 효과를 활용한 사례는 다음과 같다.

(1) 아이오와 주의 호크아이(Iowa, Hawkeye) 대학의 미식축구팀 코치인 하이든 프라이(Hayden Frye)는 그 학교에서 몇 년간 코치 생활을 하면서 홈게임은 한 번도 져본 적이 없다. 그의 성공에 대해 그는 홈팀과 방문 팀의 라커룸 색깔의 덕택이라고 주장한다. 호크아이 대학팀의 라커룸은 파란색으로 페인트칠되어 있고, 방문 팀의 라커룸 색은 핑크색으로 칠해져 있다. 파란색은 아이오와 선수들에게 힘과 공격성을 느끼게 해준다. 반면에 핑크색은 육체적 힘을 약화시키는 결과를 가져오며, 신체와 뇌의 내부에서 노르에피네프린(norepinephrine)을 분비하게 한다. 노르에피네프린은 공격적 행동을 유발하는 특정 호르몬을 억제시키는 화학 물질이다. 따라서 프라이의 페인트 작전은 상대편 선수들의 공격성과 힘을 약화시키는 것이다.

(2) 1979년 버클리(Berkeley)에 있는 캘리포니아 대학 연구팀은 캘리포니아 교도소 안에서 한 가지 실험을 행했다. 근력과 직력이 뛰어난 간수들을 뽑아서 무거운 아령으로 운동을 하도록 한 것이다. 그들은 무거운 아령을 가능한 한 많이 들어올렸는데, 간수들 중 몇몇은 대단히 힘이 세고 근육이 잘 발달된 사람들이었다. 한 간수가 놀랍게도 아령 들어올리기를 28번이나 해냈다. 그가 아령 들어올리기를 마쳤을 때 그의 앞에 커다란 파란색 판자를 놓아서 파란색 이외의 다른 것은 전혀 보지 못하도록 했다. 비록 지친 상태에서 같은 무게의 아령을 사용했지만 그는 운동을 반복할 수 있었고, 그것도 전보다 한 번을 더 들어올려 29번을 해냈다. 그러나 파란색 판자를 핑크색 판자로 바꾸고 난 후, 충분한 휴식을 취했음에도 불구하고 그 근육질의 간수는 고작 5번의 아령 들어올리기밖에 할 수 없었다. 다른 선택된 간수들도 같은 결과를 나타내었다.

(3) 1960년대, 바젤 대학의 심리학 교수인 로르샤흐(Hermann Rorschach)는 73장의 색채카드를 사용하여 성격을 검사하는 로르샤흐 테스트를 개발하였다. 감색, 적색, 황색, 녹색의 4가지 색을 심리적 원색으로 분류하고, 자색, 갈색, 회색, 흑색의 4가지 색은 보조색으로 분류하여 이 8개의 색을 사용함으로써 심리적 및 육체적 스트레스가 있는 부분을 판정하였으며, 이러한 테스트를 통하여 병의 징후를 조기에 발견하여 대응할 수 있다고 하였다.

(4) 캘리포니아 교도소는 거칠고 통제하기 어려운 수감자들을 위해 '핑크색 진정제 투입 감방'을 설치했다. 수감자가 규율을 어기거나 너무 공격적인 행동을 보이거나 또는 다른 일로 인해 징계를 필요로 할 때, 그는 적어도 3분 동안 이 핑크색 감방에 수감된다. 그리고 나서 약 10분가량 지나면 그의 적대감, 공격적 행동 그리고 일반적인 폭력 성향 등이 약화되기 시작한다. 워싱턴에 있는 미국 생태사회학 연구소의 알렉산더 샤우스(Alexander G. Schauss) 소장은 교도소 수감자들을 위해 최초로 이런 제안을 한 사람이다.『국제생태사회학연구(International Journal of Biosocial Research)』지의 편집장이기도 한 샤우스 박사는 이렇게 주장한다. "핑크색 환경 속에 있는 사람은 공격적이 되거나 화를 내려고 해도 할 수 없다. 심장 근육이 그 정도로 빠르게 움직이질 못하기 때문이다. 핑크색은 에너지를 서서히 약화시키는 듯한, 진정 작용을 하는 색이다. 색맹인 사람일지라도 핑크색 방 안에서는 진정되게 마련이다."

진정작용과 근육이완 효과를 지닌 핑크색은 이제 행동심리학자들에 의해 노인병 환자와 청소년 그리고 가정 치료요법을 받는 환자들에게 적용되고 있다. 영국 런던의 템스 강에 있는 블랙프라이어 브리지(Black friars Bridge)는 종종 투신자살 장소로 이용되었다. 검은색이었던 다리를 초록색으로 페인트칠한 후 자살률은 34%나 감소했다. 미국 샌프란시스코의 골든게이트 브리지(Golden gate Bridge) 역시 자살 명소로 다리 색이 빨간색이다. 빨간색은 사람을 자극해 행동을 부추기는 색이고 검은색도 사람들의 마음을 의기소침하게 만들어 자살을 부추기는 역할을 한다. 그러나 녹색은 자살하려던 사람의 마음을 편안하게 만들어 자살 충동을 억제하는 효과가 있다.

(5) 빨간 방과 파란 방 실험에서 빨간 방에 있는 아이들은 앉아서 책을 읽는 아동이 한 명도 없었고 여기저기서 싸우는 친구들이 생겼다. 굉장히 활발한 활동을 하며 친구를 거칠게 밀어 넘어뜨리기도 하였다. 반면 이 아이들을 파란 방으로 옮기자 앉아서 책을 읽는 아동이 많아졌다. 아예 누워서 쉬는 아이도 생겼다. 또 다른 실험에서는 빨간 방과 파란 방에 학생들을 들어가게 하고 20분이 지났다고 생각하면 알아서 나오라고 하였다. 빨간 방에서는 다들 긴장되고 불안해서 14~17분 정도에 뛰쳐나온다. 반면 파란 방에서는 20분이 지나도 느긋하다. 편안하게 누워서 쉬다가 평균 24분이 되어서야 방을 나온다. 방에 들어가는 순서를 바꿔서 실험을 해보지만 결과는 비슷했다.

(6) 일본의 한 소도시는 조용하지만 각종 범죄가 유난히 많았다. 그러나 가로등을 푸른색으로 바꾼 뒤에 범죄율이 떨어졌다. 한 해 동안 범죄가 26건이 발생했었는데 가로등을 푸른색으로 바꾼 이후 범죄율이 0%가 된 것이다.

2. 색채치료의 역사

1) 고대의 색채치료

시간을 거슬러 올라가보면, 세계 각지의 문화나 문명의 역사에서 인간은 색채 효과를 잘 이용해오고 있는 듯하다. 고대의 사람들은 종교적인 운용을 통해서 색에 특별한 작용이 있다고 믿고 있었다. 색채가 가진 치료 효과라고 말할 수 있을 것이다. 컬러테라피는 가장 오래된 의술의 하나로, 서양문화에서 컬러테라피는 마야 민족의 색채기도에서 찾아볼 수 있다.

마야 민족의 영장에 가까운 곳이 있는데 그곳에서 샤먼에 의한 기도의식이 행해진다고 한다. 그것은 샤먼들이 색채가 화려한 의상을 입고 기도의식을 행하는 것이다. 이 의상들은 색채가 매우 풍부하고 아름답다. 더욱이 디자인 감각이 훌륭하다. 검은 바탕에 빨강과 흰색, 파랑과 초록 등 선명한 자수를 이용한 상징적인 그림이 그려져 있다. 그것들은 비, 번개, 태양 등 자연현상들이다. 이유를 보면 그에게 있어 태양이나 번개도 전부 신들의 화신이며, 그 힘을 신체에 담기 위해서 몸에 장식하는 것이라고 한다. 일본의 신도를 포함해 세계 각지의 원시 종교와 공통점이 있는 듯하다. 고대 마야문명의 피라미드는 전부 빨갛게 채색되어 있다. 짙은 녹색의 밀림 속에서 하늘을 향해 솟아 있는 빨간 피라미드, 이 빨강은 마야, 아스텍 등 고대문명에서 가장 중요한 의미를 가진 것으로 전해온다. 티칼의 제사 센터의 피라미드뿐만 아니라, 멕시코 각지의 다른 피라미드에도 빨갛게 채색된 흔적이 남아 있다고 한다. 고대의 니카토르, 아스텍 호피, 그리고 미국 원주민에 이르기까지 상당 부분 공통으로 존재하는 것은 태양신앙이다. 특히 마야나 호피는 이 우주가 태양에 의해 지탱되고 있으며, 태양이 소멸할 때에 인간은 물론 지구도 멸망한다고 두려워했다. 그렇기 때문에 마야나 아스테카 제국에서는 태양의 생명을 영원토록 하기 위해서 산 인간의 심장을 희생 제물로 바쳤던 것이다.

고대 이집트 주술사들은 붉은색으로 주문을 썼는데, 색채가 악귀와 귀신을 물리치는 큰 힘을 지녔다고 믿었다. 스코틀랜드와 헝가리, 포르투갈, 덴마크, 독일 등지에서도 가축이 죽는 것을 막으려고 가축에 빨간 끈과 빨간 헝겊조각을 매달았다. 북부 아프리카의 대상들은 사막을 건널 때 푸른색 사기 구슬을 낙타의 이마에 얹어두었다. 악한 기운의 악이 있다고 믿었기 때문이다. 고대인들은 색깔 있는 재료를 장식품과 장신구로 썼는데 고대 이집트와 바빌로니아의 비문을 해석한 결과, 신의 은총을 불러온다는 믿음 때문이었다. 이집트에서는 빨간 부적이 여자들의 하혈을 막는 것에 쓰였고 황달 치료에 노란색이 쓰였다.

고대 이집트인, 바빌로니아인과 아시아인은 치료를 위해 일광요법으로 색을 널리 사용하였다. 그들은 햇빛이 치료효과가 탁월하다는 점을 깨닫고, 치료 효과를 보기 위해서 정기적으로 자신의 몸에 햇볕을 쬐었다. 신전에는 채광을 염두에 두고 만든 방이 있으며 그곳에서

병자의 치료를 시행했다는 기록도 남아 있다. 또한 크리스털과 보석에 들어가 있는 빛의 의미도 일찌감치 알아차렸다. 그래서 보석과 크리스털을 치료를 위한 매개물로 사용하였다. 그들은 자연석과 크리스털이 다채로운 빛과 에너지로 채워져 있으며, 그것이 각기 다른 질병을 치유하는 데 효험을 나타낸다고 생각하였다. 자연석과 크리스털을 물에 적시거나 희석하거나 으깨거나 가루를 내서 사용하면, 신비로운 능력이 발휘되어 환자를 치료하는 데 도움이 된다고 믿었다. 일부 지방에서는 류머티즘, 기관지염, 간질을 치료하려 할 때 잘게 부순 금과 진주를 혼합해서 처방하였다. 당뇨병에는 에메랄드, 심장과 뇌에 관련된 병에는 루비를 사용하였다. 도마뱀에 물렸을 때에는 독에 대한 보호제로서 터키옥을 쓰고, 호박과 꿀을 섞어서 눈 질환과 귓병에 활용하였다. 홍옥수는 출혈을 억제하고 피부에 쓰라림과 부스럼이 있을 때 이를 해소하고, 비취는 임신을 도와주며 청금석은 유산을 예방한다고 생각하였다. 그리스에서는 철학자인 피타고라스가 색을 사용한 치료법을 만들어내어 환자들에게 색채요법을 실시했었다. 또한 역사가인 헤로도토스는 태양광선을 이용한 '헤리오테라피'의 아버지라고 불리고 있다. 로마에서도 기원전 1세기경의 아우렐리우스 켈수스라는 의사가 색이 붙은 반창고를 치료를 위해 사용했다고 한다. 그리스의 임상의학자들은 색의 형이상학적인 속성보다 물리적인 속성에 더 많은 관심을 보였다. 의학의 아버지로 불리는 히포크라테스는 더 과학적이고 실용적인 의학을 발전시키기 위해 노력하였다. 그는 체액론을 근거로 하여 환자의 상태를 진단하였다. 오늘날까지 피부, 혀, 눈, 신체 분비물의 색 변화를 관찰하는 것이 세계적인 진단의 기본으로 이용된다.

페르시아의 의사 이븐 시나(아비센나, Avicenna)의 『의학대전(*Canon of Medicine*)』은 가장 놀라운 의학 서적 중의 하나였다. 그는 인간의 호흡 패턴을 연구하고 각각의 요소와 그들의 관련 색을 부합시켰는데, 질병을 진단하고 실질적인 치료를 위한 도구로서 색채를 활용하였다. '지구의 호흡은 느리고 불의 호흡은 빠르다'는 것이 그의 생각이었으며 히포크라테스의 체액론을 받아들여, 머리카락 색으로 선천적인 체질을 파악할 수 있다고 생각하였다. 검은 머리카락을 지닌 사람은 격한 체질이고 갈색 머리카락의 사람은 차가운 체질이다. 코피로 고생해야 하는 사람은 빨간색을 피해야 하고 눈이 안 좋은 사람은 빨간색과 노란색을 피해야 한다. 파란색은 혈액의 움직임을 진정시키는 효과가 있고 빨간색은 자극하는 효과가 있다고 주장하였다.

중국인들 역시 환자의 건강 상태를 평가하는 가장 효과적인 방법의 하나로 신체의 색을 관찰한다. 예를 들어, 눈이 빨간색이라면 결막염을 의미한다. 눈의 끝 부분이 충혈되어 있으면 혈액순환 정체나 경화의 신호를 보여주는 것이다. 안구의 색은 간과 관련이 있고 동공은 신장질환과 관련이 있다. 비슷하게 손톱의 색도 간의 상태를 표시해준다. 이러한 사실을 볼 때, 사람들은 색채와 건강과의 관계가 현대과학으로 해명되기 이전부터 색채가 가진 힘을 알고 있었던 것이다.

2) 서양의 색채치료

고대 이집트 신화에 의하면 컬러를 이용한 의술은 다양한 신비술과 마술로 인정받은 헤르메스(Hermes)에 의해 시작되었고, 치료에 컬러를 사용한 기록이 있다. 고대의 이집트와 그리스인들은 색이 있는 광물(minerals), 광석(stones), 크리스털(crystals), 연고와 염료를 치료제로 사용하였고 치료신전을 다양한 색의 명암을 이용하여 색칠을 하였다. 이집트의 학문과 예술, 치료술의 창시자로 알려진 헤르메스 트리스메지스투스(Hermes Trismesgistus)는 질병의 치료에 색채처방을 시도하였다. 그리스 시대 이전까지는 색채의 본질에 대한 생각이 물리적인 것보다 주술적이거나 형이상학적인 것에 치우쳐 있었으며 색채를 영적인 것과 관련된 현상으로 간주하였다. 현대의학의 효시인 히포크라테스(Hippocrates)는 미신을 타파하고 생리학과 의학을 연구하여 색채 신비주의에서 벗어나 객관적인 태도로 현대의학의 한 부분이 되어온 일상적인 태도를 취하였다. 또한 유스티나 힐(Justina Hill)은 그의 저서에서 고대인들은 수은, 은, 구리의 화합물을 사용했는데, 이런 염료들은 인체의 각 기관을 썩지 않도록 해주는 특효가 있다고 하였다. 17세기의 뉴턴에 의해서 빛의 스펙트럼으로의 색깔이 해명되고, 괴테에 의해 독자적인 색채론인 색의 삼원색으로 발전되었다. 1921년에 루돌프 슈타이너가 증상의 보조적인 치료로써 색채의 형태의 응용을 제안한 바 있다. 1960년대 바젤 대학 심리학 교수인 막스 뤼셔(Max Lüscher) 박사는 73매의 색채카드를 사용하여 성격검사를 시행한 바 있고, 1978년에는 독일의 피터 만델(Peter Mandel) 박사가 서양의 빛과 색에 관한 지식과 동양의학(東洋醫學)의 음양오행론(陰陽五行論) 침(鍼)과 경혈(經穴)의 이론(理論), 그리고 바이오포톤(Biophoton)이 관계된 연구를 통합하여 색채요법을 고안하였다.

또한 독일의 프리츠 알버트 포프 박사는 모든 생체 세포가 생체광자를 발하고 있다는 것을 실증하였고, 1994년 조르제 에게리 박사는 생명에너지 레벨을 측정하는 방법을 개발했다. 배빗(Edwin D. Babbit)

은 생명과 관련되는 빛의 요소를 연구하였으며, 자신이 발명한 크로모 렌즈(Chromo Lens)라는 유리 플라스틱에 하늘색, 진홍색, 호박색, 자주색, 초록색, 보라색의 물약인 소위 '만병통치약'을 만들어 사용하였다. 중세 유럽은 기독교의 전파로 인해 의학발달은 주춤하게 되었고 입으로 전해 내려온 고대의술은 음지에서 시술되었다. 19세기의 의학은 마음과 정신을 배제하였으며 약물과 수술의 발달로 컬러를 이용한 치료법의 발달이 미비하였다. 1876년 아우구스투스 플레젠튼(Augustus Pleasanton)은 식물, 동물과 인간에 미치는 컬러의 영향에 대한 연구를 토대로 한 *Blue and Sun —light*라는 저서에서 포도를 그린하우스에서 재배할 때 수확량, 질과 크기가 증가된다는 것과 동물을 푸른빛에 노출시키면 특정한 질병에 대한 치료효과가 있고 성숙도와 생식력이 증가된다고 밝혔다. 1877년에는 물리학자인 세스 팬코스트(Seth Pancoast) 박사가 *Blue and Light*라는 저서를 내어 치료에 컬러의 사용을 주장하였고, 뒤이어 1878년에는 에드윈 배빗(E. D. Babbit)이 *The Principles of Light and Color*라는 저서를 출간하여 컬러를 이용한 치료의 이론을 발전시켰다. 20세기에 들어서면서 컬러를 치료목적으로 사용하는 것에 대한 연구가 본격적으로 진행되었다.

루돌프 슈타이너(Rudolph Steiner)는 컬러를 형태, 모양, 소리에 연관시켜 특정한 한 컬러의 진동성을 몇 가지 형태에 의해 확대되고 특정한 어느 컬러의 모양과 결합은 생물체에 해를 끼치거나 재생시키는 효과가 있다고 제안하였다. 그의 연구는 테오 김벨(Theo Gimbel)에 의해 계속 선호되었으며 김벨의 이론에 동의하는 막스 뤼셔 바젤 대학(Basel University) 심리학 교수는 컬러의 선호도는 마음의 상태와 또는 선(glandular)의 불균형을 나타내고, 따라서 물리적·심미적인 진단을 하는 데 기초로 사용될 수 있다고 보고하였다. 1990년에 미국 과학진흥협회(American Association for the Advancement of Science)의 연간협의회에서 우울증, 임포텐스, 중독 등을 포함한 광범위한 심리학적 문제에 파란색 빛을 이용한 성공적인 치료결과를 보고하는 등 현대에 들어 컬러는 다양한 의학적 치료의 보조도구로서 폭넓게 받아들여지고 있다.

3) 동양의 색채치료

중국의 고궁을 살펴보면, 황제가 내려다보는 신하의 자리는 대체로 녹색이나 청색, 금색, 황색, 적은 비율의 적색 등을 배합하고 있다. 반대로 신하가 황제를 올려다보는 시선으로 보면 입구에는 적색 기둥, 황제가 앉아 있는 의자의 정면은 적색과 황색의 배색이 많은 것을 볼 수 있다. 이는 음양오행설과 관계있는 것으로 신하가 올려다보는 황제 위치의 적색은 신하를 복종시키는 데 좋은 색이라 할 수 있으며, 반대로 황제 측에서 내려다보는 신하 위치에 자극이 적은 청색, 황색 등을 배치하여 냉정하게 신하를 판단할 수 있도록 하였다. 또한, 서주시대(西周時代)에 주례(周禮), 천관(天官), 질의(疾醫)에 오기(心, 肝,

| 음양오행설 | 오방색 | 차크라 |

〈그림 Ⅳ-3〉 동양의 색채치료와 관련된 요소

脾, 肺, 腎의 氣), 五聲(宮, 商, 角, 致, 羽), 오색(靑, 黃, 赤, 白, 黑)으로 그 생사를 보았다는 기록이 있다. 색과 의술을 연계시킨 '음양오행설'은 진한대(秦漢代)로부터 수많은 사람들에 의해서 수정되고 보충되어 오늘에 이르면서 발전해왔다.

인도의 힌두교에서는 각기 다른 색의 용기에 물을 담아 햇빛에 노출시킨 다음 그 물을 마시게 하는 방법을 사용하였는데 그 색에 따라 활동적으로 되거나 온순해지기도 하고, 아픈 사람의 통증과 고통을 달래주는 의미를 지니고 있다고 믿었으며, 요가에서는 육체의 에너지를 7개의 차크라로 나누어 각각의 차크라가 색을 가지고 있고 그것이 에너지를 조정한다고 보았다. 우리 민족 또한 오방색을 근간으로 다채로운 색을 사용해왔다. 우리나라에 음양오행사상이 전래된 이래 일상생활의 색채 활용에서도 오방색 사용이 지배적이었는데 여기서 오방색은 우주에 존재하는 모든 색을 의미하는 것이었다. 민속의 길흉화복에 사용된 청, 홍, 황색이나 잇색과 쪽색으로 만들어진 이불과 혼례복의 기본 색에서 보이는 청, 홍이나 오방색과 오간색의 합인 색동옷과 태극기나 전통음식(신선로) 등을 그 예로 볼 수 있으며 청과 홍은 음과 양의 상징인 동시에 남과 여의 상징으로 쓰였다.

한의학에서는 외부 환경과 내부 장기를 五色과 연관 지어 색이 미치는 영향을 유기적으로 파악하려고 하였다. 이는 한방의학의 발상지인 중국의 고대 의학자들이 음양오행학설을 응용하였기 때문인데, 음양을 인체에 적용시켜 보면 외(外)는 양이고 내(內)는 음이며, 장(臟)은 음에 속하고 부(腑)는 양에 속한다. 한방의학에서는 체내·체외의 복잡한 관계를 설명하기 위하여 이들을 오행의 고유한 특성에 맞추어 분류하고, 그 속성(屬性)이 같은 부류에 속하는 것을 각각 오행에 배속시켰다. 오장을 예로 들면 간(肝)은 목(木)에, 비(脾)는 토(土)에, 심(心)은 화(火)에, 폐(肺)는 금(金)에, 신(腎)은 수(水)에 각각 배속시킨다. 인체의 생리기능상 혈압상승, 분비액의 증가 등은 양적(陽的) 현상이며, 혈압강하·분비액의 저하 등은 음적(陰的) 현상이다. 인체에서 이 음양의 조화가 깨어지면 병적인 현상이 일어나게 된다. 한방의학은 양과 음의 과다(過多)와 부족을 조화시켜 깨어진 음양의 균형을 되찾도록 해주는 치료학이라 하겠다. 한의학에 있어서 색채이론은 五行에 배속된 이론으로 생리·병리, 특히 진단 부분에 응용되어 왔는데, 음양오행설에 따라 목, 화, 토, 금, 수 각각에 해당하는 방위나 색채, 인체의 장기를 고려하여 오행배당 일람표에 따른 약재를 각기 해당되는 장기의 치료에 사용했다. 예를 들면, 심장에는 오미자와 붉은 대추, 구기자 등이 쓰이는데 이 약재들이 모두 붉고 둥근 것들이다. 마찬가지로 간에는 인진쑥, 청매, 지실 등이 쓰이는데 모두 푸른 약재들이다. 폐에는 흰색을 띠는 산약, 인삼, 황기, 백출 등이 쓰이고 신장에는 검은색을 띠는 숙지황, 오매, 흑두 등이 쓰인다. 위에는 누런색을 띠는 감초, 하피 등이 쓰인다.

음양오행사상과 색채치료

동양의 색채 의식은 중국을 중심으로 한 동양사상의 근간이 되는 음양오행(陰陽五行)사상을 바탕으로 하고 있다. 동양문화권 내의 고대 민족은 자연의 운행 속에 보이지 않는 절대적이고 위대한 법칙이 있다고 생각하였다. 즉, 자연은 음(陰)과 양(陽)의 이원적 구조로 이루어져 있으며 음양의 두 기운이 상생(相生), 상극(相剋)함에 따라 만물이 생성되는 것으로 믿어왔다. 이것이 음양설(陰陽說)이고, 이 음양설의 영향을 받아 만물의 생성원리를 목(木), 화(火), 토(土), 금(金), 수(水)의 오원기(五元氣)로 설명하는 것이 오행설(五行說)이다.

음양설과 오행설은 각각 독립적으로 발전하다가 전국시대 중엽에 하나의 사상체계로 통합되었다. 무극에서 음과 양의 기운이 생겨나 하늘과 땅이 되고 다시 음양의 두 기운이 다섯 가지 원소를 생산하였는데 이것이 오행인 것이다.

음은 어둡고 수동적이며, 양은 밝고 능동적인 속성을 보유하는 것으로 양은 음에 의해 과도하게 왕성해지지 않고, 음은 양에 의해 조화를 얻어서 과도하게 쇠퇴하지 않음으로써 유동적이고 동태적인 평형관계를 유지하고 있다. 오행 역시 마찬가지로 서로 조화를 이루기도 하고 충돌하기도 하는 상생상극을 통해 균형 있는 통합을 이루어 질서를 유지하고 있으며, 하늘에는 오운(五運)이 있고, 땅에는 오재(五材), 사람에게는 오성(五惺)이 있어서 모두 오사(五事)가 따른다고 하였다. 즉, 여러 사물의 변화원리를 오행으로 설명하고 아래 <표 Ⅳ-2>에서와 같이 모든 산물의 근본으로 취급하며 물질 구성의 궁극적 요소로 본 것이다.

〈표 Ⅳ-2〉 오행소속표

	목(木)	화(火)	토(土)	금(金)	수(水)
형상	나무	불	흙	금속, 바위	물
방위	동	남	중앙	서	북
계절	봄	여름	4계절, 환절기	가을	겨울
색채	청색	적색	황색	백색	흑색
오상	인(仁)	예(禮)	신(信)	의(義)	지(智)
오성	기쁨	즐거움	욕심	분노	슬픔
오장	간장	심장	비장	폐장	신장
오관	눈	혀	몸	코	귀
맛	신맛	쓴맛	단맛	매운맛	짠맛

동양에서는 오행을 색, 방위, 맛 등과 결부시켜 왔다. 오행을 요약한 <표 IV-2>과 같이 목은 청색, 동쪽, 신맛 등을 의미하고, 화는 적색, 남쪽, 쓴맛 등을 상징하며, 토는 황색, 중앙, 단맛 등을 의미하고, 금은 백색, 서쪽, 매운맛 등을 상징하며, 수는 흑색, 북쪽, 짠맛 등을 의미한다.

우리나라 역시 중국의 영향을 받아 음양오행사상을 색채 문화에 적용시켜 실생활에 사용하였다. 벽사를 상징하는 청색과 적색은 주술적 의미로 사용하였으며 흉례 시에는 백색과 흑색을 사용하였다. 오색을 전부 사용하여 화(禍)와 흉(凶)을 막고 길(吉)과 복(福)을 비는 복합적인 의미를 내포하기도 하였다. 서낭당에 오색포(五色布)를 걸거나 아이들의 색동옷, 오곡밥, 단청 등이 그러하다고 할 수 있다.

동양의 색채 의식은 음양오행의 이치를 바탕으로 자연 친화적인 순환성을 중시하여 자연과 인간의 관계를 보다 친밀하게 여겼으며, 오색이 지닌 상징적인 의미를 활용하여 생활에 길운을 빌고, 악을 물리치는 벽사의 개념으로 사용하였다. 이렇듯 동양에서는 색채의 사용에 있어서 색채 그 자체의 미(美)보다 상징성과 의미를 부여하는 수단으로써 철학적·사상적으로 사용하여 왔다.

오방색과 색채치료

음양오행사상에 의하면 오행에는 오색이 따르고 방위와 계절이 따르는데 중앙과 사방을 기본으로 삼아서 오방이 결정되고 그 방위에 따라 오색이 배정되며 오행의 상관관계로 인하여 중간색이 나오고 중간색에서 무한한 색조가 형성되는 것이다. <그림 IV-4>에서와 같이 동쪽은 청색, 서쪽은 백색, 남쪽은 적색, 북쪽은 흑색, 중앙은 황색

이며 이 중에서 청색, 적색, 황색은 양
(陽)의 색이고 흑색과 백색은 음(陰)의
색이다. 이 다섯 가지 색을 오방색, 혹은
정색(正色)이라 부르며 정색과 정색의
혼합으로 생기는 색을 간색(間色)이라 부
른다. 간색으로는 청색과 황색 사이의 녹
색, 청색과 백색 사이의 벽색, 적색과 백

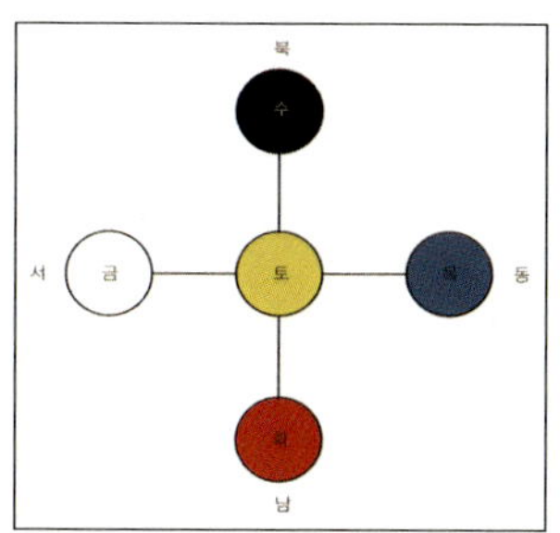

〈그림 Ⅳ-4〉 오방색과 방위

색 사이의 홍색, 흑색과 황색 사이의 유황색, 흑색과 적색 사이의 자색
의 5가지가 있으며 모든 간색은 음의 색이다. 음양오행사상은 정색과
간색을 음양에 따라 적절하게 사용하는 것을 중요하게 생각하였다.

청색: 동방은 해가 솟는 곳으로 나무(木)가 많고 푸르
기 때문에 청색을 의미함과 동시에 봄을 상징한다. 청색
은 청정한 생명력을 가지고 있어 창조, 신생, 생식을 상
징하기 때문에 양기가 강한 색이다. 우주의 만물이 생성 발원하는 원
천적인 힘을 지닌 기운으로 기운이 쇠퇴해가거나 죽어가는 목숨들을
살리기 위한 방법의 하나로 청색을 사용하기도 하였다.

적색: 적색은 음양오행설에서 온화하고 만물이 무성
한 남방 색으로 태양, 불(火), 피를 상징하며 생명력이
풍만하고 강력한 양의 색으로 청색과 더불어 우리 민족
과 밀착되어 사용되어 온 색이다. 적색은 가장 강력한 양의 색으로
인식되어 재앙과 악귀를 물리치는 강력한 색으로 사용하였다. 예로부
터 붉은 팥죽을 쑤어 문짝에 뿌려서 액운을 제거한 것, 단오에 대궐

이나 경사대부의 집에 붉은 부적을 벽이나 출입문에 붙인 것, 신부의 두 뺨에 연지 점을 찍은 것, 장을 담근 후에 붉은 고추를 두르는 것 등은 모두 귀신, 나쁜 기운으로 대표되는 음을 양으로써 물리치고 막는다는 의미를 지닌 행위이다.

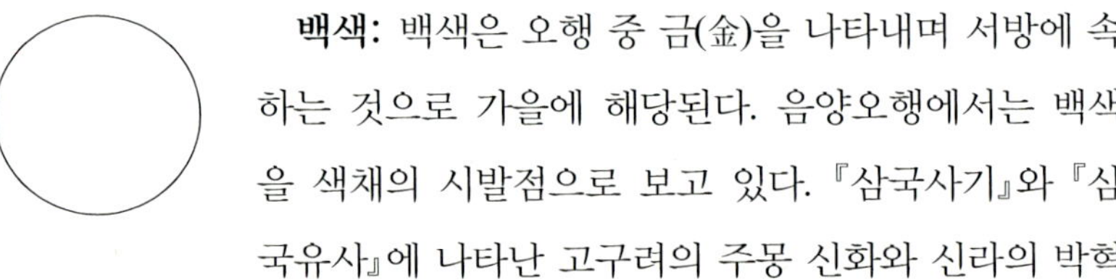

황색: 오행 중 토(土)에 해당하며 오방색의 중심 색으로 모든 것을 포용하고 조화롭게 만드는 땅을 상징한다. 황색은 우주의 중심에 해당하고 가장 밝게 빛나는 존귀한 색으로 인식되어 광명과 생기의 정화로 보았으며 중국문화의 영향으로 황제의 색으로 사용되었으며 중국에서뿐만 아니라 한국과 일본에서도 오랫동안 그 사용이 제한되었다.

황색은 전통적으로 땅, 중앙, 황제, 권위를 의미한다. 중앙의 특징은 땅이 평평하며 늘 젖어 있어서 만물이 잘 자라는 곳으로, 조선 태종은 오방신의 각 방위색인 파랑, 하양, 빨강, 검정, 노랑의 제물을 올려 하늘에 제사를 드렸는데 여기서의 노랑은 중앙인 서울을 의미하였다.

백색: 백색은 오행 중 금(金)을 나타내며 서방에 속하는 것으로 가을에 해당된다. 음양오행에서는 백색을 색채의 시발점으로 보고 있다. 『삼국사기』와 『삼국유사』에 나타난 고구려의 주몽 신화와 신라의 박혁거세 신화에서는 태양의 빛으로 하늘의 기운을 상징하고 있으며, 단군의 국호 조선(朝鮮)도 아침 조(朝), 고울 선(鮮) 자로 한민족의 '붉'사상에 그 연원이 있다. 우리 민족을 일컫는 배달민족이란 말도 '백산=밝달'로 우리말의 음운 변화로 '배달'이 된 것이다. 즉 배달민족은 한

민족을 의미하는 동시에 맑고, 밝고 신성한 하늘의 자손임을 표현하는 말인 것이다.

흑색: 흑색은 오행 중 수(水)로서 북방을 나타내고 겨울에 속한다. 흑은 물의 색으로 세종실록에서 춘분, 하지, 추분, 동지에 구름 빛이 검으면 물난리가 난다고 보았다. 또한 화재예방 부적은 물의 상징인 검은색을 사용하였고, 풍수지리설에서 묏자리가 명당의 형국을 갖추었다 할지라도 흙빛이 검을 때에는 물이 나와 자손이 패망하게 된다 하여 피하였다.

우리 조상들은 음양오행에 의해 모든 것이 규정된다고 믿었으며 색채도 이러한 이치에 따라 사용하였다. 한자의 '색(色)'은 상형적으로 '인(人)'과 '파(巴)'를 합한 글자이다. 이는 소용돌이를 사람이 누르고 있다고 해석하거나 사람이 힘 있는 소용돌이를 일으켜 영향을 미치는 것으로 해석된다. 즉, 색은 사람과 관련이 있으며 또한 사물에 영향을 미칠 수 있다는 의미이다. 이렇듯 동양에서는 색채의 미(美), 그리고 개인의 감각보다는 색채의 의미에 따라 상징적인 수단으로 색채를 사용하였다고 볼 수 있다.

차크라와 색채치료

차크라는 산스크리트로 '바퀴'라는 뜻이다. 물질적 혹은 정신의학적 견지에서 정확하게 규명될 수 없는 인간 정신의 중심부를 말한다. 힌두교와 탄트라 불교의 일부 종파에서 행해지는 신체수련에서 중요시되는 개념으로, 정신적인 힘과 육체적인 기능이 합쳐져 상호작용을 하는 것으로 여겨진다. 차크라는 육체적 수준에서 내분비계와 직접 관련된 회전하는 에너지의 중심지점으로, 에너지를 받아 진행시키고 전달하는 기능을 담당한다. 또한 교감신경계, 부교감신경계 및 자율신경계와도 상호관계를 맺고 있으며, 우리의 온몸 구석구석과 긴밀히 연결을 맺고 있다. 인간의 신체에는 약 8만 8천 개의 차크라가 있다. 이 중 6개의 중요한 차크라가 대략 척수를 따라 위치하고, 다른 하나는 두개골 최상부에 있는데, 이들이 가장 중요한 차크라이다. 차크라는 깊은 이완과 집중을 통해 각성되기 시작한다. 마음이 있는 곳에 기가 있고, 기가 있는 곳에 혈이 있고, 혈이 있는 곳에 정이 있다는 심기혈정의 원리에 따라 마음을 집중하면 그곳에 기운이 모이고 이를 통해 차크라를 각성시킬 수 있다. 차크라는 아래의 그림과 같이 척추를 따라 위치한다. 차크라는 에너지의 영역이므로 해부학상으로 특정 위치가 존재하는 것은 아니다. 정확히 말하면 차크라는 척추내벽에 있는 접합점으로, 여러 장소로 전선이 뻗어 있는 중앙 전신주와 같다. 7개의 차크라는 우리 몸의 기운의 통로인 경락의 흐름이므로 혈관이나 뼈처럼 육안으로 보이지는 않는다.

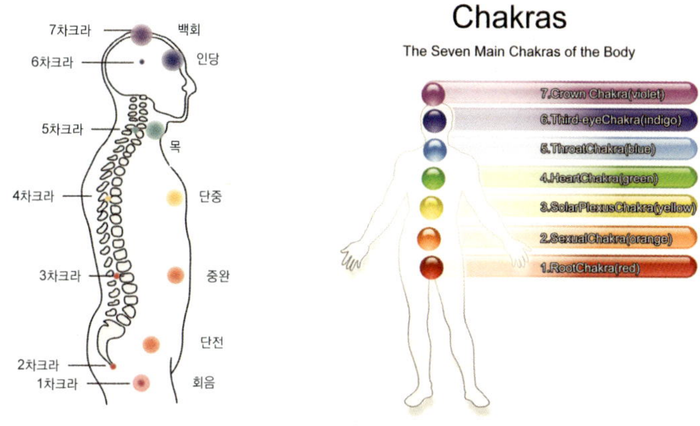

〈그림 Ⅳ-5〉 차크라

*** 기초 차크라, 뿌리 중추 또는 미추골 중추라고 불리는 물라다라 차크라**

첫 번째 차크라는 음부 사이에 위치하고 있다. 그것은 성(SEX)과 생존의 센터이다. 성적인 생식과 음식, 생존하기 위한 기본적인 요소에 관한 우선권, 근본의 의미이다. 1차크라는 에너지를 받아들이는 곳이기도 하지만, 무력해졌을 때는 몸 안의 기운이 빠져나가는 곳이기도 하다. 자아가 성장하고 생존하는 데 꼭 필요한 순수한 의미의 이기심이 이곳에서 나온다. 이곳은 삶에 대한 열정과 실천적인 힘의 뿌리이다. 1차크라는 생명력과 성 에너지를 관장한다. 모든 에너지의 근원인 1차크라가 활성화돼야 나머지 차크라도 차례대로 활성화될 수 있다. 1차크라가 건강한 사람은 삶에 대한 강한 의지와 힘, 활력이 넘친다. 그러나 이곳이 막혀 있으면 활력과 생기가 없으며 사람들 속에서도 눈에 잘 띄지 않는다. 육체적인 에너지가 부족하면 의식은 '지금 여기'에 머물 수 없어 현실감각이 떨어진다.

1. **색:** 첫 번째 차크라는 불같은 붉은색으로 빛난다. 건강한 1차크 라는 선명한 붉은색을 띠며 따듯한 느낌을 준다. 그러나 결함이 있을 때는 꺼져가는 숯불처럼 미약한 빛을 띤다.

2. **관련원소:** 흙

3. **감각:** 후각

4. **상징:** 네 잎의 연꽃

5. **기본원리:** 존재의 육체적인 의지

6. **관련되는 몸의 부분:** 척추, 뼈, 치아, 손발톱 같은 모든 단단한 부 분, 항문, 결장, 전립선, 혈액, 세포의 구조물

7. **관련 샘:** 부신피질

→ 부신 피질은 혈액 분배를 조절함으로써 혈액순환을 우리의 필 요에 맞게 적응시키는 아드레날린과 노르아드레날린을 생산한 다. 이에 우리 몸은 서로 다른 요구들에 즉시 반응할 수 있다. 부신피질은 우리 몸의 온도를 균형 있게 조절해준다.

8. **차크라 이상 시 나타나는 감정적 측면**

→ 민감, 공격적, 교활, 충동적, 당돌하다. 무모하다. 열광한다. 소유 욕이 많고 보수적이다. 생각 없이 단순하게 행동한다. 권력을 의식하며 지나치게 활동적이다. 만족을 갈구한다. 착취하는 성 향이 있고 섹스에 집착한다. 이곳이 막혀 있으면 활력과 생기가 없으며 사람들 속에서도 눈에 잘 띄지 않는다. 육체적인 에너지 가 부족하면 현실감각이 떨어진다. 그래서 육체 활동을 더욱 피

하게 되고 아픈 사람처럼 보이기도 한다. 에너지 수준이 상당히 낮고 영적인 정서가 풍부하지 못해 외부공격에 지나치게 민감하게 반응한다.

9. 색채요법

첫 번째 차크라는 맑고 밝은 색조의 붉은색으로 활성화된다. 붉은색은 생명력과 활력 그리고 용기를 주며, 우리를 따뜻하게 해주고 소생시키고 각성시켜 준다. 이 붉은색이 파란색을 띠고 있으면, 그것은 영적인 에너지로 추진력을 채울 수 있도록 당신을 도와줄 것이다.

▶ 1차크라 활성 시 빨간빛이 도움을 줄 수 있는 질병: 빈혈, 중풍, 무기력증, 기관지염, 변비, 내분비 장애, 천식

▶ 빨간빛이 금기시되는 질병: 감정 장애, 흥분, 정신 질환, 고열, 신경염, 화농성 염증

두 번째 차크라

*** 천골 차크라, 십자중추라고도 하는 스와디스타나 차크라**

2차크라는 척추 맨 끝 꼬리뼈에 위치한다. 1차크라와 함께 성적 에너지를 관장한다. 이 부분이 활성화된 사람은 왕성한 활력을 뿜어내지만 그렇지 못한 사람은 쉽게 피로를 느끼며 의욕 또한 부족하다. 2차크라는 정신적 불안, 음식물의 독성, 질병의 감염으로부터 인체를 보호하기 위해 철저한 방어력을 갖춘다. 이곳의 주된 에너지는 성행위와 생명의 출산이라는 고귀한 창조와 연관된다.

2차크라가 발달함에 따라 성과 창조의 에너지는 타인에 대한 모성

적 사랑과 봉사의 형태로 드러나기도 한다. 2차크라가 조화롭게 활성화된 사람은 부드러움과 자비로움으로 많은 사람들과 좋은 관계를 유지한다. 그러나 2차크라가 막히거나 닫히면 질투나 환상에 시달리게 되고 타인과의 교류에서 자신을 제대로 표현하지 못한다. 또한 모성 본능이 왜곡되어 조직 내에서 자신이 주도권을 잡아야 한다는 강박증을 가질 수도 있다.

1. **색:** 오렌지색
2. **관련 원소:** 물
3. **감각:** 미각
4. **상징:** 여섯 잎의 연꽃
5. **기본원리:** 존재의 창조적 재생
6. **관련되는 몸의 부분:** 골반대, 생식기관, 신장, 방광, 혈액, 림프, 위액, 정자 같은 모든 액체
7. **관련 샘:** 생식선-난소, 전립선, 정소. 생식선은 남성과 여성의 성적인 특징을 발현시키고 여성의 주기를 조절한다.
8. **차크라 이상 시 나타나는 감정적 측면**

→ 이기적이고 교만하다. 호색적, 허영심이 있다. 타인을 불신한다. 다른 사람이 어떻게 볼까 걱정한다. 타인과 원만치 못하다. 신분을 중시한다. 권력을 추구하며 실속 없이 부풀린다. 2차크라가 막히거나 닫히면 질투나 환상에 시달리게 되고 타인과의 교류에서 자신을 제대로 표현하지 못한다. 또한 모성 본능이 왜곡되어 조직 내에서 자신이 주도권을 잡아야 한다는 강박증을 가질 수도 있다.

9. 색채요법

→ 맑은 색조의 오렌지색은 두 번째 차크라를 활성화시킨다. 오렌지색은 자극을 주고 갱신시켜 주는 에너지를 공급해서 엄격한 감정적 패턴들로부터 우리를 해방시켜 준다. 그것은 자긍심을 고무시켜 주고 관능적인 쾌락에서 얻는 기쁨을 증가시켜 준다. 아유르베다에 따르면, 오렌지색은 내면의 물의 색깔이다.

▶ 오렌지 빛으로 도움을 줄 수 있는 질병: 신장 질환, 생리불순, 감기, 정신적 탈진, 자궁 탈출, 간질 발작, 담석, 갑상선 항진, 류머티즘, 관절염, 장 질환, 천식 및 호흡기 질환

세 번째 차크라

* 태양신경총 차크라, 배꼽 중추라고 하는 마니푸라 차크라

3차크라는 육체에 뿌리를 둔 자아와 감정에 연결된 차크라로 신체 기능의 조절을 담당한다. 특히 위장과 밀접한 관련이 있으며 간장, 비장, 췌장 등 주요 내장 기관을 관장한다. 3차크라가 활성화된 사람은 일에 대한 의욕과 자신감이 보이지만 그렇지 못할 경우 집중력이 저하되고 자신감이 상실된 상태를 보인다. 3차크라는 배꼽 바로 뒤에 있는 척추 내벽에 위치한다. 의식을 집중할 때는 배꼽 위 약 5cm 정도에 있는 중완에 집중한다. 손가락으로 배꼽 위 약 5cm 되는 지점을 누르고 다른 손가락으로 등 뒤 대칭 지점을 눌러준다. 손가락에 힘을 가해 압박감을 느끼는 곳보다 조금 더 깊은 지점에 의식을 집중한다. 그곳에 혈액이 흐르는 느낌, 맥박이 뛰는 느낌에 집중한다. 배꼽을 통

해 숨을 들이마시고 내쉰다고 상상하면서 호흡을 한다. 중완을 중심으로 둘러싼 장기들을 마음의 눈으로 바라본다.

평범한 사람에게 세 번째 차크라는 그 인격의 토대를 나타낸다. 개인적인 주장이나 성취하고자 하는 의지, 권력을 위한 분투나 사회적 형태의 적응으로 우리의 사회적인 정체성을 찾으면서 그것을 확인하고자 한다. 물리적 몸의 수준에서 일치하는 원리는 간에 나타난다. 소화 체계와 협력하여 간은 일단 자신이 섭취한 음식을 분해하는 과업을 이행하면서 쓸모없는 것에서 유용한 것을 분리시켜, 몸의 적절한 부분으로 보내지기 전에 그것을 이용 가능한 물질로 변형시킨다. 감정과 소망 그리고 경험의 수용과 통합은 세 번째 차크라가 이완되어 열릴 수 있도록 도와주며, 그리하여 우리의 내적인 빛을 증가시켜 사람의 상황을 조명해준다. 세 번째 차크라는 지적인 이해의 노란빛을 지혜와 풍부함의 황금빛으로 점점 변형시킨다.

1. **색**: 노란색에서 황금색에 걸쳐 있음
2. **관련원소**: 불
3. **감각**: 시각
4. **상징**: 열 잎의 연꽃
5. **기본원리**: 존재의 형성
6. **관련되는 몸의 부분**: 등 아랫부분, 복부, 소화 체계, 위, 간, 비장, 쓸개, 자율 신경계
7. **관련 샘**: 췌장(간)
→ 췌장은 음식물 소화에서 중요한 역할을 한다. 그것은 탄수화물 물질대사뿐만 아니라 신체 혈당량도 조절하는 인슐린 호르몬을

분비한다. 췌장에 의해 분비되는 효소는 지방과 단백질의 균형
을 위해 중요하다.

8. 차크라 이상 시 나타나는 감정적 측면

→ 인정을 받지 못하는 느낌. 냉담하다, 완고하다. 집단의 힘을 두
려워한다. 고립감. 시각이 좁다. 실행을 못한다. 끊임없는 변화
를 추구한다. 비판적이고 판단·집중력이 저하되고 가슴에 답
답증을 느낀다. 또한 일상생활에서 무기력하고 자신감이 상실
된 상태를 보인다. 손상을 입었을 때는 스스로 통제하기 힘든
감정적 혼란을 겪기도 한다.

9. 색채요법

→ 맑고 화창한 노란색은 세 번째 차크라의 작용을 활성화, 보강시
켜 준다. 노란색은 우리의 신경과 생각을 강화시켜 주지만 타인
들과의 접촉과 상호작용도 촉진시켜 준다. 그것은 내적 피로감
을 보충해주며, 기쁨과 상쾌한 이완을 창조한다. 만일 당신이 너
무 소극적이거나 몽상적이라면, 맑은 노란색이 삶에 적극적으로
개입되도록 당신을 도와줄 것이다. 게다가 그것은 육체적·영적
수준에서 소화를 도와주기도 한다. 황금색조는 심리적인 문제나
병이 있을 경우에 그 병을 깨끗이 씻어주고 이완시켜 줄 것이다.
그것은 정신적인 활동을 강화시켜 주고 경험에서 성장하는 지혜
를 촉진시켜 준다.

▶ 노란색으로 도움을 줄 수 있는 질병: 소화 장애, 변비, 습진, 당
뇨병, 탈진, 가스 팽만, 반신불수, 간질환, 우울증, 하지 마비, 신
장 질환

* 가슴 차크라 또는 가슴 중추로도 알려져 있는 아나하타 차크라

4차크라는 우리 몸의 에너지를 원활하게 확산시켜 상하, 좌우 모든 방향으로 에너지를 동등하게 흐르게 하는 곳이다. 또한 남성과 여성, 이성과 감정 등 상반된 모든 에너지와 조화를 이룬다. 4차크라가 건강하면 이성과 감정에 균현이 잡혀 책임감, 당당함, 신뢰감을 준다. 이 차크라가 활성화되지 못하면 불안과 초조함을 느끼게 된다. 4차크라는 가슴 중앙 부위, 심장 뒤의 등뼈 속에 있다. 흉골의 움푹 들어간 곳에 있는 단중에 의식을 집중한다. 4차크라는 심장, 폐, 횡격막 등을 조정하는 심장 신경총이다. 손가락 하나로 가슴 한가운데를 누른다. 다른 쪽 손가락을 등뼈 쪽의 대칭되는 높이에 갖다 댄다. 양 손가락으로 차크라 부위를 세게 누른다. 손가락을 떼고 그 느낌을 계속 느껴본다. 호흡을 하면서 가슴의 중앙을 통해 숨이 들어오고 나감을 상상한다. 이 차크라가 각성되면 육체적 기능과 조절능력을 얻게 되고 환경의 제약을 초월해 독립적인 자신을 회복한다. 가슴 차크라는 전체 차크라 체계의 중심이며 공기 원소와 촉각에 속한다. 이는 심장의 유연성, 접촉을 할 수 있는 능력, 접촉되고자 하며 동시에 모든 것과 접촉하고자 하는 자발성을 암시한다. 남들과의 감정 이입하고 교감할 수 있는 능력, 우주적인 진동에 우리 자신의 파장을 맞춰 그것과 결합할 수 있는 능력을 발견한다. 그리고 자연의 아름다움, 음악과 시각적인 예술 그리고 시에서 발견할 수 있는 조화도 인식한다. 가슴 차크라의 목적은 사랑을 통해 완전한 합일을 성취하는 것이다. 깊고 친

밀한 접촉에 대한 갈망, 단일성과 조화 그리고 사랑에 대한 모든 갈
망은 이런 느낌들이 슬픔, 고통, 이별이나 사랑의 상실에 대한 두려움
등으로 변장하여 우리에게 올 때도 가슴 차크라를 통해 표현된다. 가
슴 차크라는 녹색과 분홍색 그리고 때로는 금빛으로도 빛을 발산한
다. 녹색은 치유와 교감 그리고 조화의 색이다.

1. **색**: 녹색, 그러나 분홍색과 금빛도 있음

2. **관련원소**: 공기

3. **감각**: 촉각

4. **상징**: 열두 잎의 연꽃

5. **기본원리**: 헌신, 자기 포기

6. **관련되는 몸의 부분**: 심장, 흉부와 흉부 공동을 포함한 등 윗부
   분, 허파의 아래 부위, 혈액과 혈액순환 체계, 피부

7. **관련 샘**: 흉부(가슴 샘)

→ 흉선은 성장을 조절하고 림프 체계를 제어한다. 그것은 면역 체
계를 자극, 강화시키는 작용도 한다.

8. **차크라 이상 시 나타나는 감정적 측면**

→ 분노, 타인의 확인을 기대. 자신의 의지를 지키지 못한다. 불안
증. 사랑을 소유하려 한다. 타인의 인정을 요구한다. 자기중심적
이고 소유욕이 강하다. 시기와 부러움, 자기 불신. 삶에 대해 회
의적이다. 이 차크라가 활성화되지 못하면 항상 불안과 초조감
을 느끼게 된다.

9. **색채요법**

→ 녹색: 우리 행성의 초원과 숲의 색은 우리에게 조화와 연민을

심어주며, 우리로 하여금 화해의 손을 잡게 한다. 우리는 공감 속에서 내적인 평화와 고요함을 경험한다. 더욱이 녹색은 몸과 마음 그리고 영혼을 새롭게 해주는 효과를 가지고 있으며 우리에게 새로운 에너지를 제공해준다.

→ 분홍색: 부드럽고 포근한 분홍색의 진동은 가슴속의 긴장을 이완시켜 주고, 사랑과 부드러움의 느낌을 일깨워주며, 천진난만한 행복의 느낌을 되돌려줄 수 있다. 이런 진동은 창조적인 활동을 자극해주기도 한다.

▶ 그린 빛으로 도움을 줄 수 있는 질병: 후두염, 척추장애, 복통, 말라리아, 악성종양, 정신 질환, 탈진,신경통, 매독, 장티푸스, 궤양, 불면증, 성급함

* 목 또는 목구멍 차크라, 커뮤니케이션 중추, 비슈다 차크라

5차크라는 목구멍 바로 뒤 척추인 경부 신경총 안에 있다. 차크라 반사지점은 목구멍 앞부분에 위치하면서 갑상선과 연결된다. 인후에 손가락을 대고 잠시 눌러준다. 손가락을 떼고 압박된 느낌에 의식을 계속 집중한다. 혀를 입천장에 대고 5차크라를 통해 숨이 들어오고 나가는 것을 의식한다. 숨을 들이마시며 목을 앞으로 숙이고 내쉬면서 제자리로 돌아온다. 다시 숨을 들이마시고 뒤로 최대한 목을 젖히고 숨을 내쉬면서 제자리로 돌아온다. 목구멍 차크라는 인간의 표현, 커뮤니케이션, 영감 능력의 중추이다. 다섯 번째 차크라를 통해 우리

는 우리 안에 살아 있는 모든 것, 웃음, 사랑과 행복의 느낌, 근심과
공격성, 의도와 욕망뿐만 아니라 우리의 이상과 지식 그리고 내적인
세계의 인식을 표현한다. 목구멍 차크라의 원소는 에테르이다. 에테
르는 흙, 물, 불, 공기, 원소와 같이 기본원소로 여겨지며 소리와 모든
말, 신성한 창조의 말씀의 매개이기도 하다. 이것은 간단히 이야기해
서, 소통시키는 원소 또는 모든 존재 수준에서의 정보의 중재자이다.
목구멍 차크라에서 천골 차크라의 창조성이 다른 차크라의 에너지와
결합하여, 에테르는 이들 에너지들이 외부 세계로 소통되는 형태가
된다. 에테르는 옅은 청색 빛이며 다섯 번째 차크라를 통해 우리는
존재의 모든 수준에서 자신의 개인적인 완성의 표현을 찾는다.

1. **색**: 옅은 파랑, 은색 또는 녹색을 띤 파란색
2. **관련원소**: 에테르
3. **감각**: 청각
4. **상징**: 열여섯 잎의 연꽃
5. **기본원리**: 존재의 울림
6. **관련되는 몸의 부분**: 목, 목구멍과 턱, 귀, 음성, 호흡기관, 기관
   지, 허파상부, 식도, 팔
7. **관련 샘**: 갑상선
→ 갑상선은 골격과 내부 기관 성장에 중요한 역할을 한다. 그것은
   육체적 성장과 영적 성장 사이의 균형을 관장하며, 신진대사를
   통해 음식이 에너지로 변형되는 방식과 속도 그리고 이 에너지
   의 사용을 조절한다. 그뿐만 아니라, 갑상선은 요오드, 즉 옥소의
   대사 작용, 그리고 혈액과 세포 조직의 칼슘 균형도 제어한다.

8. 차크라 이상 시 나타나는 감정적 측면

→ 타인을 지배하려 한다. 우월한 사람에게 항상 복종한다. 고정관념
에 사로잡혀 있다. 전통에 집착한다. 항상 규율과 감독을 요구한
다. 잘난 체하고 자기만족에 빠진다. 변화에 저항한다. 광포하다.
엄격하고 완강하며 권위적이다. 5차크라에 이상이 있으면 감정통
제가 안 되고 변화에 민감해지므로 쉽게 피로를 느끼게 된다.

9. 색채요법

→ 옅고 맑은 색조의 파란색은 목구멍 차크라에 배정된다. 이 빛깔
은 평온함과 광활함을 창조하며 당신의 영적인 영감을 향해 활
짝 열어준다.

▶ 청색 빛이 도움을 줄 수 있는 질병: 탈모(대머리), 히스테리, 신
경질, 불면증, 배변장애, 가려움증, 화상, 백내장, 황달, 수두, 홍
역, 후두염, 콜레라, 생리불순, 복통, 신장질환, 쇼크, 류머티즘,
열병, 위장병, 피부질환, 편도선, 갑상선, 치주염, 두통

여섯 번째 차크라

* 이마 차크라, 제3의 눈, 지혜의 눈, 내면의 눈, 명령 차크라로 알
려져 있는 아갸나 차크라

존재의 의식적인 인식은 여섯 번째 차크라를 통해 일어난다. 그것
은 보다 높은 마음의 힘, 지적인 분별의 힘, 기억과 의지의 자리이다.
물리적 몸의 수준에서 그것은 최고의 중추 신경계의 통제소이다. 그
실제적인 빛깔은 맑은 남색이지만 노란색과 보라색도 볼 수 있다. 이

빛깔들은 다양한 의식 수준에서의 서로 다른 작용을 나타낸다. 이성
적이거나 지적인 생각은 노란색 복사 에너지를 생산할 수 있는 반면,
맑은 남색은 직관과 전체론적인 인식을 암시한다. 초감각적 인식은
보라색으로 나타난다. 6차크라 제3의 눈은 의식이 성취되는 자리이기
때문에, 우리가 물질을 만들어내고 그것을 비물질화하는 것은 바로
여기에서이다. 우리는 물리적 몸의 수준에서 새로운 실재들을 창조하
고 낡은 것들을 용해시킬 수 있다. 의식을 개발하고 제3의 눈을 점점
더 많이 뜨게 됨으로써, 우리는 이 절차를 더 의식적으로 조절할 수
있으며, 우리의 상상력은 우리의 소망을 충족시키기 위한 에너지를
창조할 수 있을 것이다.

1. **색:** 남색, 또는 노란색이나 보라색

2. **감각:** 초감각적 인식을 포함한 모든 감각

3. **상징:** 아흔여섯 잎의 연꽃

4. **기본원리:** 존재의 지식

5. **관련되는 몸의 부분:** 얼굴, 눈, 귀, 코, 동공, 소뇌, 중추 신경계

6. **관련 샘:** 뇌하수체

→ 뇌하수체는 그 분비 활동이 다른 분비샘들의 작용을 제어하기
   때문에 때때로 '분비샘의 주인'으로 일컬어지기도 한다. 오케스
   트라의 지휘자처럼 그것은 다른 분비샘들의 조화로운 상호작용
   을 확립시킨다.

7. **차크라 이상 시 나타나는 감정적 측면**

→ 근심에 빠져 있다. 의식이 없는 상태를 두려워한다. 타인의 재
   능을 부러워한다. 끈기가 없다. 약속에 늦는다. 미신적이고 비

능률적이다. 미래를 두려워한다. 타인을 얕잡아본다. 타인의 시선에 과민하다. 실천력이 부족하다. 이 차크라가 막혀 있거나 약하게 열려 있는 사람은 창조적인 아이디어가 결여되어 있거나 또는 아이디어는 가지고 있지만 이를 실행하는 힘이 약하다.

8. 색채요법

→ 투명한 남색은 여섯 번째 차크라를 개방하고 정화시켜 주는 효과를 가지고 있다. 그것은 마음에 내적인 평온함과 명료함 그리고 깊이를 제공해주며, 감각들을 강화하고 치유해줄 뿐만 아니라 미묘한 인식의 수준들을 향해 우리를 열어주기도 한다.

▶ 로열블루 빛으로 도움을 줄 수 있는 질병: 충수염, 갑상선 기능 항진증, 천식, 정신 질환, 기관지염, 비장 질환, 신경 질환, 경련, 청력상실, 강박관념, 건망증, 중풍, 폐렴, 소화불량, 호흡기 질환, 눈과 귀의 질환

 * 두정 중추, 천 개의 연꽃잎으로 알려진 사하스라라 차크라 또는 왕관 차크라

7차크라는 완전한 조화와 통합을 의미한다. 이 통합은 육체적·감정적·정신적·역적으로 통한다. 마음에 관여하는 활동, 느낌, 감정, 욕망 등이 본래의 근본 상태로 녹아들어 가는 대화합의 단계이다. 7차크라는 머리중앙의 가장 높은 지점에 자리하고 있다. 그것은 위쪽을 향해 열린다. 왕관 차크라는 최고의 인간 완성의 자리이며, 머리

위에 맴도는 것으로 종종 나타내지기도 한다. 그것은 무지개의 모든 색으로 빛나지만 지배적인 빛깔은 보라색이다. 마치 스펙트럼의 모든 빛깔이 무색의 빛으로 통일되듯이, 최고의 차크라는 보다 낮은 중추들의 모든 에너지를 자신 안에서 통일시킨다. 그것은 다른 모든 차크라 에너지의 현현을 위한 원천이자 출발점이다. 여기서 우리는 모든 현현되지 않은 형태와 특징들을 포함하는 '존재'의 수준과 연결된다. 7번째 차크라의 천 개의 길은 보라색으로 암시된다. 보라색은 명상과 헌신의 빛깔이다. 우리는 보다 낮은 여섯 가지 에너지 중추들의 활성화에 의식적으로 영향을 줄 수 있지만, 일곱 번째의 경우에 우리가 할 수 있는 모든 것은 우리 자신을 열어 만사가 우리를 통해 일어나게 하는 것이다.

1. **색**: 보라색, 또한 흰색과 금색도 있음
2. **상징**: 천 잎의 연꽃
3. **기본원리**: 가장 순수한 존재
4. **관련되는 몸의 부분**: 대뇌
5. **관련 샘**: 송과선

→ 송과선의 영향력은 과학적으로 결정되지는 않았다. 필시 그것은 우리의 전체 유기체에 영향을 줄 것이다. 이 샘의 부실 작용은 미숙한 성적 성숙으로 이어진다.

6. **차크라 이상 시 나타나는 감정적 측면**

→ 오해받고 있다는 느낌을 갖는다. 오랫동안 사람을 사귀지 못한다. 힘으로 사람을 압도하려 한다. 비판적이다. 수치스러워한다. 자기 부정, 자기 폄하의 감정이 있고 부정적 자아를 갖는다. 이

차크라가 닫혀 있는 사람은 영성을 경험하지 못할 뿐 아니라 영성이나 우주적 사고에 대한 설명을 이해하거나 받아들이지 못한다. 영성을 받아들이지 못한다는 것은 자기 존재에 대한 의미와 삶의 궁극적인 목적을 모른 채 살아감을 의미한다.

7. 색채요법

→ 보라색과 흰색은 왕관 차크라를 개방하고 팽창시켜 주는 효과를 가지고 있다. 보라색은 마음과 영혼의 변형을 일으키며 이 둘을 영적인 존재의 차원으로 열어준다. 그것은 방해물을 용해시키며 우주적인 통일성의 경험을 향해 우리를 인도해줄 수 있다. 흰색은 스펙트럼의 모든 색을 포함하고 있다. 그것은 서로 다른 수준의 삶을 보다 높은 통일성으로 통합시켜 주며 우리 영혼을 신성한 빛과 지식 그리고 치유를 향해 열어준다.

▶ 보랏빛으로 도움을 줄 수 있는 질병: 방광 질환, 뇌진탕, 골격장애, 복부경련, 신장 질환, 뇌수막염, 두피 질환, 정신 질환, 좌골신경통, 신경장애, 피부 질환, 종양, 류머티즘

4) 현대의 색채치료

수술이나 약물 치료의 현대적 치료법들이 개발되면서 색채치료는 진지하게 연구하고 조사해야 할 가치 있는 의학으로 간주되지 않았다. 하지만, 하버드대의 교수이자 저술가였던 배빗(E. D. Babbit, 1828~1905)이 수년간 노력으로 『빛과 색의 원리』(1878)를 출판함으로써, 빛과 색의 힘과 에너지 영역에 대한 관심이 되살아났다. '온도', '밝음', '전기'의 시스템과 광물의 관계에 색을 도입하면서 연금술의

다양한 방식을 활용하였다. 배빗은 '온도'의 색이 빨간색과 주황색처럼 열기와 온기를 발산하는 따뜻한 색이고, '전기'적인 색은 원칙적으로 차가운 파란색의 계열-파란색과 보라색 등-에 속하는 색들이며 '밝음'의 색은 태양과 가장 근접한 노란색이라고 표현하였다.

빨간빛, 즉 온도의 색은 특히 혈액순환을 증진시키는 효과가 있고 신경에도 어느 정도 효과가 있기 때문에 마비증세로 고통받는 환자에게 도움이 된다. 노란색과 주황색은 신경조직을 자극하고, 노란색은 뇌에 활력을 준다. 파란색과 보라색은 침착함과 진정시키는 효과를 지닌 색으로 좌골 신경통과 같은 염증성 질환, 두통, 일사병, 신경쇠약 등으로 고생하는 환자에게 긴장을 풀어주고 증상을 완화시키는 데 도움이 된다.

배빗은 삼원색을 위주로 사용하였는데 열의 핵심이며 열기를 생산하는 빨간색(수소의 스펙트럼), 밝음의 핵심인 노란색, 전기의 핵심인 파란색(산소의 스펙트럼)이 그 세 가지의 색이다. 색채치료에 통일성과 유사성, 균형과 조화가 필수였으므로 그는 서로 조화를 이루는 색과 서로 대비를 이루는 색들을 사용해야 한다고 생각하였다. 어떤 색이든 보색을 갖고 있기 때문이었다.

루돌프 슈타이너(Rudolf Steiner, 1861~1925)는 영적인 인식과 비전과 경험을 과학적으로 추구하는 방법에 관심이 있었다. 이와 더불어 40년간 색의 성질도 연구하였다. 그 결과로『더 높은 세상에 대한 지식과 신지학(*Theosophy and Knowledge of the Higher Worlds*)』이라는 책에서 그는 영적인 인식으로 볼 수 있는 아우라(aura)의 색을 설명하기 시작하였다. 신지학이란 신앙이나 추론으로 알 수 없는 신의 심오한 본질과 행위에 관한 지식을 신비적 체험이나 특별한 계시로 알게 되는 종교적 지식을 말한다.

1913년에 인지학 협회를 창립한 슈타이너는 이론뿐 아니라 실용 기술로서 색을 바라볼 수 있는 방법을 개척하였다. 괴테의 이론을 규칙으로 개발하였고, 색과 형태를 활용하는 새로운 예술 스타일을 만들었으며, 율동적인 동작 예술인 유리드미(Eurythmy)를 창안하였다. 이것은 모든 동작이 밝음이나 어두움이 될 수 있고, 인간의 몸을 통하여 소리를 보여주고, 어떤 분위기든 색으로 느낄 수 있다는 새로운 형태의 예술이었다. 그는 광물, 식물, 동물과 인간에게서 각기 다른 색의 특징들을 관찰하였다. 또 색의 광택과 색 이미지 사이에 보이는 차이를 구별하였다. 이 두 가지 모두 색채이론에서 전혀 새롭게 도입된 개념들이었다.

"무슨 색을 좋아하세요?" 같은 간단한 질문으로 그 사람의 성격을 판단한다는 것이 다소 논란의 여지가 있는 것은 사실이다. 그런데도 색채심리에 대한 연구는 이미 오래전부터 꾸준하게 이루어졌다. 피스터(Max Pfister), 뤼셔(Max Lüscher), 얀쉬(E. R. Jaensch), 로르샤흐(Hermann Rorschach) 등의 학자들을 그 예로 들 수 있다. 그들은 사람의 성격을 파악하고 더 깊이 있는 내면의 상태를 이해하기 위한 방법으로 색채 이용 시스템을 개발하였다.

특히 정신 질환을 다루는 데서 색채검사가 다용도로 사용되었는데, 정신분석학자들은 색채심리검사를 활용하여 개인의 복잡한 정신적 특징을 파악하면서 영혼의 비밀을 깊숙이 탐험해 들어갔다.

가장 잘 알려진 색채심리검사법 중의 하나가 막스 뤼셔의 방법이다. 당시 스위스 로잔 대학의 심리학 교수였던 뤼셔는 색채심리검사를 활용해서 색채와 성격 사이의 상관관계를 설명하였다. 이 '뤼셔

식채심리검사' 방법은 우선 시험대상자에게 오렌지 빨강, 노랑, 파랑, 초록, 어두운 파랑, 보라, 갈색, 회색과 검정을 보여준 다음 왼쪽에서 오른쪽으로 좋아하는 순서에 따라서 여덟 가지 색을 늘어놓으라고 말한다. 그 후에 그 사람이 제일 좋아하는 색과 싫어하는 색에 대한 해석을 제공하는 것이다. 그런데 다른 색채심리검사 전문가들은 이 뤼셔 검사법에 결점이 있다고 지적하기도 한다. 즉 뤼셔가 선택하여 사용하는 색채 중에는 갈색, 회색, 검정 같은 우중충한 색깔이 포함되어 있어서 심리 치료에 긍정적인 효과를 끌어낼 수 없다는 지적이다.

하워드 선과 도로시 선(Howard and Dorothy Sun)이 개발한 'CRR 분석법(Color Reflection Reading)'에서는 빨강, 주황, 노랑, 초록, 청록, 파랑, 보라, 마젠타의 여덟 색을 이용한다.

20세기 중반, 헌트(Roland Hunt) 박사가 진단과 치료를 목적으로 색을 사용할 수 있다는 내용의 책들을 출판하였다. 그는 소리와 음악, 향기와 조명에 관련된 색의 효과를 연구하였고, 우리의 환경에서 사용할 수 있는 컬러 램프와 조명 장비들을 개발하였다. 그가 개발한 램프들은 정신적인 면을 치료해줄 뿐만 아니라 인간의 의식을 고양시키는 미학적인 디자인으로 만들어졌다.

김벨(Theo Gimbel)은 괴테, 슈타이너, 배빗, 헌트 등의 작업에서 아이디어를 얻어 다양한 유색 광을 투사하는 조명 도구를 개발하여 치료를 위해 사용하였다. 김벨은 스테인드글라스 필터를 통하여 환자에게 자연광을 쪼이는 대신 인공적인 전구를 사용하였고, 괴테의 원칙 중에서 보색을 사용하는 데에서 아이디어를 얻어 색이 명(明, light)과 암(暗, dark)의 상호작용으로 생성된다는 개념을 도입하기도 하였다.

1978년대 바젤 대학 심리학 교수인 막스 뤼셔 박사가 소개한 '뤼셔 색채테스트'라는 성격 검사법에는 73매의 색채 카드가 사용된다. 그는 실험을 통해서 상대에게 빨간색을 보여주면 혈압이 오르고 호흡이나 동계(動悸)가 격해지며, 진한 파란색(紺色)을 보여주면 반대의 결과가 나타나는 것을 알게 되었다. 감색, 적색, 황색, 녹색, 자색, 갈색, 회색, 흑색의 8종류 중에서 감색, 적색, 황색, 녹색의 4가지 색은 심리적 원색으로 분류하고, 간단한 검사의 보조 색으로는 자색, 갈색, 회색, 흑색을 사용함으로써 심리적·육체적 스트레스가 있는 부분을 판정하였다. 이로 여러 가지 병의 증후를 일찍이 경고하고 응용할 수 있게 되었다.

독일의 물리학자 프리츠 알버트 포프 박사는 모든 생명체의 세포가 생체광자(bio-photon)를 발하고 있다는 것을 발견했다. 또한 1994년 조르제 에게리 박사는 생명 에너지 레벨을 측정하는 방법을 개발했는데, 그것은 엷은 필라멘트 호일을 사용하여 회전상황에 있어서의 바이탈리티 지수(VQ: Vitality Quotient)를 측정하는 방법이다. 그 측정으로부터 경락·경혈에서는 강한 에너지가, 경혈이 아닌 곳으로부터는 약한 에너지가 방사되는 것을 보면서, 호일을 회전시키는 에너지와 경락에 따라 흐르고 있는 에너지가 동류일 것으로 생각된다고 박사는 주장한다.

일본의 도후쿠공업대학교 정보처리기술연구소의 진마사테루(神正照) 연구원은 생체는 광 커뮤니케이션을 하기 위하여 "광 커뮤니케이션 시스템(Light Communication System)"을 갖고 있다고 주장한다. 생체 포톤에 있어서 극히 미약한 생물 포톤 발광이 생체계의 다중계층구조 각각의 레벨 내부 및 각 레벨 간에 있어서의 협력 현상과 피드백 작용을 통해서 형성되고 있다는 이론이다. 다시 말해서 이것은 질서 있는 생명시스템 그대로, 항상성의 상태나 거동을 알리는 새로운 생체광정보라고 이해할 수 있을 것이다.

3. 색채치료의 구분

　색채치료의 기법은 보색관리를 이용하여 개발한 치료법이라 볼 수 있고, 동양철학의 바탕이 되고 있는 음양설과 색채에서 보색관계와 비유할 수도 있다. 우리 신체에서도 陰과 陽, 上과 下, 左와 右, 內와 外 같은 양면성이 있어 신체기능이 어느 한쪽에만 치중되는 것을 억제한다. 이처럼 신체가 조화와 균형을 유지하려는 기제가 있는데, 색채의 보색관계는 바로 이 신체기제와 비슷하다고 볼 수 있다. 눈에서 일어나고 있는 잔상 현상이나 순응현상은 보색관계 때문에 일어나는 현상인데, 우리의 눈에서 하나의 빛이나 색채를 지속적으로 받아들이면 신체의 불균형이 일어나기 때문에 잔상 같은 현상으로 신체의 불균형을 자발적으로 해결한다는 것이다. 신체의 부조화가 생길 경우 의사나 치료 전문가들은 정확한 진단을 하고 그에 적당한 치료가 뒤따라야 할 것이다.

　오늘날의 색채치료요법에서는 다음과 같이 세 가지 과정 혹은 단계에 맞추어 색채를 선정한다.

① 색채의 영향을 받은 것으로 알려진 질병의 증상이나 징조

② 색채에 의해 발생되었다고 알려지거나 그렇게 되길 바라는 특

정한 생리적학 효과들

③ 색채에 영향을 받는 것으로 알려진 사람의 신체 부위와 기관

색채치료법에 대한 기본 원리를 인도 캘커타의 R. B. Amber의 저서『색채치료법』(1964)에서 살펴보면 다음과 같다.

① 지구상의 모든 물체, 즉 생물과 무생물들은 각자 고유한 진동 주파수를 지닌다.

② 살아 있는 모든 세포와 조직, 기관, 그 밖에 인간의 신체부위는 건강할 때 각각의 고유한 진동 주파수를 지닌다.

③ 질병은 스트레스에 대한 신체의 자연스러운 반응인, 일종의 변형된 생리적 기능이다. 변형된 기능이란 단지 스트레스를 일으키는 자극 때문에 발생되는, 높아지거나 낮아지거나 하는 진동 전파수의 변화일 뿐이다. 스트레스를 일으키는 자극은 화학적 또는 물리적 요소나 기온에 관련된 요소로부터 기인될 수 있다. 정신적이고 감정적인 자극은 호르몬 자극과 같은 신체 내의 화학적 반응을 일으킬 때 주파수의 변형을 돕는다.

④ 모든 질병 또한 교유한 진동 주파수를 지닌다.

⑤ 음식이나 물리치료, 주사, 영양제, 내복약, 운동, 색채, 그 밖의 전기 치료 장치 등에 치료 주파수를 응용하면, 변형된 기능을 常性 패턴으로 돌아가는 데 도움이 된다.

⑥ 신체세포는 필요에 따라 주위환경으로부터 정상적인 광선과 진동을 선택적으로 받아들인다. 그러나 주위 환경에 지나치게 강한 광선과 진동이 있을 경우에는 신체세포에는 필요하지 않다

하더라도 이러한 것들을 흡수하지 않게 된다.

⑦ 색 진동이 부족한 세포들은, 영양이 부족한 색채와 마찬가지로 光을 없애주고 주파수를 변형시켜, 결과적으로 성장 양상을 변화시키는 경향이 있다. 직접적인 환경에서 색채가 지나치게 주어지면, 세포는 세포의 주파수와 성장양상이 손상을 입을 정도로까지 지나치게 진동하게 된다.

⑧ 독이 든 음식과 마찬가지로, 잘못된 색채는 세포의 전자 자기장이나 주파수를 바꿔놓을 수 있으며, 이는 연쇄반응을 일으킨다. 주파수의 변화는 구조에 영향을 주게 될 것이며, 이에 따라 인체 전반에 반작용하게 될 것이다. 이러한 일련의 반응은 만성피로 증후군을 일으킬 수 있다. 이러한 피로는 신체기관의 극도의 피로를 가져오고, 종국에는 죽음까지 이르게 한다.

⑨ 순수한 진동으로써 색채는(비교적 전통적인 대중 화학 약품이나 약물 치료에 대한 보조적이고 대체적 치료법으로써) 건강을 유지하고, 질병을 극복하기 위한 합리적인 치료법이다. 왜냐하면 색채는 신체가 적절한 시간과 장소에서 적절한 형태(또는 음식)로 주어지기 때문이다.

색채를 사용하여 스스로를 치료할 수 있는 방법에는 여러 가지가 있다. 색채치료자들에 따르면 색채는 눈뿐만 아니라 피부를 통해서도 받아들일 수 있다고 한다. 또한 음식물과 공기를 통해서도 색채 에너지를 흡수할 수 있고, 마음과 손을 이용해서 그것이 신체의 특정부위로 향하게 할 수 있다. 물은 햇빛에 노출시켜 어떤 색채의 파장의 특징을 물에 불어넣을 수도 있고, 태양광선 치료법을 사용할 수도 있다.

그 방법에는 특정한 치료력을 가진 색에 상응하는 오일과 꽃 그리고 약용식물을 사용한 욕탕에서 목욕하는 것도 포함된다.

색채치료를 활용하는 요법을 분류해보면 다음과 같다.

<표 Ⅳ-3> 컬러테라피의 분류

보석테라피	보석은 각각의 색채를 가지고 있다. 자신에게 필요한 색채의 보석을 이용해 얼굴이나 손등에 올려두거나 문질러주면 보석이 가진 에너지와 색채 에너지가결합해 혈액순환을 원활히 하고 독소배출에 도움을 준다.
드로잉 요법	다양한 색채를 활용하여 자가진단드로잉, 벽화드로잉, 도형드로잉, 음악을 들으면서 감성발산드로잉
컬러다이어리	매일매일 자신이 입은 옷이나 좋아하는 색 싫어하는 색을 기록해 자신의 이미지를 찾고 필요한 색채에너지가 무엇인지, 또 어떤 색을 활용하면 좋은지에 대해 찾을 수 있다는 좋은 자료가 된다.
컬러메디테이션	색채 위주의 그림을 바라보면서, 음악을 들으며 명상을 하게 되면 스트레스 해소 긴장완화 마음의 평온함을 찾을 수 있다.
인테리어테라피	각 방의 기능과 사용자의 특성에 맞는 컬러를 활용해 벽지나 침구에 적용하게 되면 불면증 해소, 우울증 완화, 식욕억제 또는 식욕증진, 스트레스 해소, 집중력 강화 등에 도움이 된다.
패션테라피	자신에게 필요한 색채를 찾아 컬러 코디를 해줌으로써 자신감 향상, 이미지 업그레이드, 건강함을 찾아주는 방법이다.
색채컬러테이핑	내담자의 건강상태와 심리적 상태에 필요한 색채를 위주로 하여 옷이나 손등에 테이프를 붙여 색채의 파장을 직접 받아들이도록 한다.

색채치료의 구분에 관하여 조금 더 구체적으로 살펴보면 다음과 같다.

1) 색채치료의 진단

(1) Lüscher식 테스트

준비된 8가지 색상 카드 중에서 대상자가 마음에 드는 3개의 카드를 선택한다. 이 3가지의 색깔은 감성적·정신적·육체적 건강 상태와 관련 있으며 인체의 불균형을 이루고 있는 부분을 드러내기도 한다.

(2) 근력 측정 요법

이것은 신체의 허약함 정도를 밝혀내기 위한 근력 테스트 방법, 즉 오링테스트와 같은 원리를 이용한다. 어느 색깔이 필요한지를 진단하기 위해 시술자는 대상에게 각각의 색깔을 왼손에 쥐게 한다. 대상자가 각 색깔을 쳐다볼 때마다 시술자는 대상자의 오른팔을 천천히 떼려고 할 것이다. 팔에 아무런 저항도 느껴지지 않을 때 바로 왼손에 들려 있는 그 색깔이 대상자에게 필요한 색깔이 된다.

(3) 추를 이용하는 방법

가는 줄이나 목걸이에 걸려 있는 진자는 "예" 또는 "아니요"라는 대답에 반응해 시계방향 또는 반시계 방향으로 회전한다. 시술자는 필요한 색을 알려주는 "예"라는 대답을 찾기 위해 대상자에게 8개의 스펙트럼 색깔을 차례로 사용하여 진단을 내린다.

(4) 색채진단용 차트

32개의 척추 뼈를 크게 4개로 나눈다. 각 부분은 8개씩의 척추 뼈를 가지고 있는데, 이는 스펙트럼의 8가지 색(오렌지색, 빨간색, 노란색, 녹색, 청록색, 파란색, 보라색, 자주색)에 하나씩 대응된다. 척추의 가장 윗부분부터 아래로 내려오면서 4부분은 각각 정신 감정 대사 육체의 정신건강을 나타낸다. 대상자에게 차트의 뒷면에 척추마디를 따라 서명하도록 하는데, 대상자가 적은 서명은 고유의 진동을 가지고 있어서 대상자의 에너지를 드러내는 증거의 역할을 한다. 이것을 근거로 시술자는 척추를 따라 내려가면서 어느 척추 부위에 치료가 필요한지 진단한다.

2) 색채치료의 분류

(1) 유전적 색채치료

유전자적 메커니즘을 이용하여 세포 분자학의 영역에서 각종 DNA 변이에 따른 질병의 치료에 색채요법을 활용하는 방법으로써, 암을 비롯한 각종 성인병과 난치병 등 광범위하게 적용할 수 있으며 치환율도 높은 것으로 평가받고 있다. 예를 들면 세포 내의 미토콘드리아에서 생산하는 에너지의 APT산의 주파수를 색채로 조절할 경우 활성산소의 발생률을 저하시키고 에너지의 대사를 활성화하게 되는데 이는 결국 각종 질환에 대한 면역력을 향상시킴으로써 자연치유력을 높이는 효과를 나타낸다.

(2) 색채호흡(색채를 이용한 명상)

색채호흡의 기법은 인도 요가의 거장이 개발해낸 것으로, 마음속으로 바라는 색채에 정신을 집중하고, 이를 호흡 과정에 사용하여 명상하는 것으로 필요한 색상의 색상지나 실크, 꽃 등 색과 관련된 물건을 눈앞에 놓고 보면서 실시하면 더 효과가 좋다. 색채호흡은 불면증에 놀라운 효과를 나타낸다.

(3) 색채광선

각 색채가 가진 특유의 파장을 신체에 직접 쪼임으로서 신체에 치료적 효과를 가져올 수 있다는 믿음에서 나온 치료방법으로 스테인드글라스를 통과한 빛, 방 전체가 특정한 빛으로 채워지게 만든 조명, 원하는 색을 비추게 고안된 색채치료 기구 등이 사용된다.

연구자들 간에 일치점을 보이고 있는 점은,

첫째, 색을 보는 것보다는 색채광선을 쬐거나 색 조명 아래에 있는 것이 더 효과적이다.

둘째, 어두운 방에서 해당되는 색채광선을 쬔다는 것이다.

셋째, 한 가지 색도 일정 시간이 지나면 다른 효과를 가져올 수 있다는 것과 어떤 색에 과도하게 노출되었을 경우에는 그 색의 보색으로 바로잡는다는 것이다.

다시 말해, 광선치료는 색채치료의 또 다른 방향으로 빛을 활용한 치료이다. 이른바 '광선치료'라고 하는 색채치료는 물체마다 색을 흡수하고 반사하는 특징을 조사해 치료에 사용하는 것이다. 광선치료를 처음으로 질병에 도입한 사람은 덴마크의 의사 핀센(Niels Ryberg Finsen)으로, 1893년 당시 유럽과 북아메리카에서 보건 문제로 대두된 피부 결핵을 치료하기 위해 그는 자외선을 방출하는 인공 광원을 고안하여 환자에게 사용하였다. 이는 건선 치료 효과가 뛰어남이 입증되어 최근까지 이용되어 왔다.

광선치료가 가장 먼저 일반화된 곳은 불면증이나 우울증 등을 치료하는 정신과 질환이다. 백색을 띠는 종합가시광선은 수면을 조절하는 멜라토닌 분비를 촉진시켜 불면증을 해소하고 시차(時差)를 극복하는 등 수면장애를 조절한다. 또 뇌를 활성화시키는 세로토닌이라는 신경전달물질을 분비시켜 우울증을 해소하는 데도 큰 효과가 있다. 여름에 우울증이 줄어들고 겨울에 우울증이 많아지는 계절성 우울증에 광선치료를 실시하여 우울증을 감소시키는 방법이 서구에서는 이미 확립된 치료 방법으로 이용되고 있다. 또한, 정신과 전문의들은 최근 섭식장애, 비만, 학습장애 등의 치료에도 광선치료를 응용하고 있

다. 백색 종합가시광선에 의해 촉진되는 멜라토닌 호르몬은 불규칙한
식사로 인한 비만을 치료하는 데도 효과가 있는 것으로 알려져 폭식
증 같은 섭식장애와 비만의 치료에 적용되고 있다. 또 학습능력이 떨
어지는 학생의 집중력을 향상시키려는 목적으로도 일부 시행되고 있
다. 이는 종합가시광선을 쬐면 마음을 가라앉히는 세로토닌이라는 호
르몬 분비가 촉진되는데 이것이 학습효율 증대에 영향을 미친다는
연구 결과를 토대로 한 방법이다.

신생아의 황달 치료에 가장 일반적으로 광선치료가 시행되고 있다.
라이트 박스에서 나오는 청색 가시광선은 황달을 일으키는 '빌리루빈'
이라는 물질을 감소시켜 신생아들의 황달을 치료한다. 그 밖에 피부의
여드름 제거, 고혈압 치료, 입원환자의 욕창 치료 등에도 실험적으로
광선치료가 적용되고 있다. 청색 가시광선은 여드름 원인균을 죽이는
데도 적격이어서 피부과에선 피부를 당겨주는 PPX(Photopneumatic
therapy)라는 치료기를 이용해 여드름을 치료하고 있다. 또 청색 가시
광선이 혈관을 확장시켜 혈액순환을 촉진시키는 원리를 이용해 고혈
압의 치료에 적용하는 의사들이 있으며, 피부조직을 재생시키고 염증
을 감소시키는 원리를 이용해서 욕창의 치료에도 사용된다.

(4) 색광물약(Solarized water)

색광물약은 색 필터를 통과한 햇빛에 노출시킨 물을 약으로 이용
하는 것인데 일정시간 동안 색 필터를 통과한 태양광선을 쬐면 물에
그 색채의 파장이 깃든다는 가정 아래 이루어지고 있다. 인도에서는
공인된 의료인·색채치료사에 의해 실시되고 크림이나 오일도 만들
어 사용한다.

(5) 색포(色布)패치

색을 환부에 붙이는 요법으로 8일부터 1개월 이상 붙여둘 수가 있다. 색을 붙여둔 상태라면 색의 치료적 시술의 효과는 지속되므로 경제적인 요법이라고 할 수 있다. 단 1회의 치료로도 효과의 지속성을 기대할 수가 있다.

색을 피부(병소, 경혈)에 붙이는 경우, 직경 5mm의 접착 실(seal)에 1mm 정도의 색포(色布)를 붙이는 방법이므로 통증 등의 자극이 일체 없기 때문에 유·소아과 질환을 비롯하여 체력이 지극히 쇠약한 환자에 대해서도 부담 없이 시술할 수가 있다. 색채가 가지고 있는 색의 온도, 빛의 파장을 이용하는 요법이므로, 약물 부작용이나 세균 감염의 위험도 없는 방법이다.

(6) 옷, 음식, 보석을 이용한 색채치료

색채를 이용할 수 있는 또 다른 한 방법은 옷을 입는 것이다. 옷은 빛을 통과시키는 색 필터로 작용한다. 옷을 치료적으로 사용할 때는 반드시 흰색의 옷을 속에 입고, 만약 고혈압이 있다면 파란색의 옷을 입고, 겨울철 감기에 민감하다면 빨간 옷을 입으면 좋다. 일반적으로 어떤 특정 색을 띤 음식들은 같은 종류의 비타민을 함유하는 성향을 띠는 경향이 있다. 고기류와 근대류 같은 붉은색 식품에는 비타민 B가 풍부하게 함유되어 있고, 레몬이나 푸른 채소류처럼 노란색이나 녹색의 식품은 비타민 C가 풍부하다. 한의학에서 특정 색의 식품이나 약재가 동일 질환에 쓰이는 것도 음식을 이용한 색채치료의 한 형태라 할 수 있다. 또한, 보석의 색이 에너지와 보석을 소유한 사람의 감정적 반응 사이에 상호작용을 하게 되는데, 보석은 색깔의 에너지에 흡수되고 그 영향에 반사된다.

　보석은 색깔에 따라 효능이 다르고 또 소유한 사람에 따라 에너지의 반응이 다름을 살펴볼 필요가 있다. 이런 반응을 이용해서 옛날에는 보석이나 금속이 부적으로 사용되고 당시 부적으로 흔히 쓰였던 색은 빨간색, 노란색, 초록색 및 흰색이며, 초록색 돌은 인간과 가축의 다산과 관계되며 초목이나 비, 전반적인 자연력과 신비한 관계를 맺고 있었다. 예를 들면, 녹주석은 최면작용을 통해 안질을 치료한다고 믿었으며, 에메랄드는 눈 질환, 특히 충혈되고 핏발이 선 눈의 통증을 치료하는 데 효과적이라고 하였다.

(7) 색채조절 환경

　예전과는 달리 요즘엔 마케팅을 하거나 인테리어를 할 때에도 색의 조화를 중요시하고 있다. 그것은 컬러텔레비전이 대중화되기 이전부터였을 것이다. 사람들은 옷을 입을 때조차 색의 조화를 따진다. 그렇게 해야 더욱더 자신을 아름답게 남에게 보여줄 수 있기 때문일 것이다. 그러나 이러한 색이 단지 아름다움을 표현하기 위해서만 사용되는 것이 아님을 우리는 알아야 한다. 현재 우리 생활 속에 웰빙이 많은 영향을 주고 있다는 것을 알 것이다. 그리고 그것은 마음을 다친 사람들을 비롯하여 육체의 상처까지 치료하는 것이 가능해졌다. 색이 특정한 정서를 일으키고 대뇌에 전달된 색으로 인한 정보가 신체의 각 부분에 도달하여 생리적 변화를 일으킨다는 설에 근거하여 조도(照度), 광도(光度) 및 색채가 눈에 미치는 효과는 여러 주목할 만한 연구를 통해 발견되었고 눈의 피로는 근육의 피로와 연관되므로 작업장의 색채를 조절한다거나 병원의 색채를 조절하는 것 등으로 심신의 건강을 돕기도 한다. 특히 자연 속 산림욕은 색을 흡수하는 또 다른 방법이다. 각각의 계절은 저마다의 색을 가지고 있으며 매우 특별한 치유력을 갖고 있다.

컬러테라피란 색의 에너지와 성질을 이용해 심리치료와 의학에 활용하는 요법을 말한다. 빛에 에너지가 있으며, 빛의 분산으로 생기는 색에 따라 그 에너지의 성격이 다르다는 점을 활용한 것이다.

4. 색채치료의 활용

1) 빨강

빨강은 불과 태양을 상징하며 따뜻함과 온기를 대변한다. 나아가 사랑과 결함의 에로스를 의미한다.

- 소심증이나 우울증 치료에 이용
- 무감각하고 냉정하며 너무 생각이 많은 사람에게 권하기도 함
→ 내면적인 주의 집중을 분산시켜 밖으로 쏠리게 한다.
→ 활력을 주고 에너지를 자극하며 활동성을 촉진시켜 무기력증, 우울증, 슬픔, 의기소침 등의 증상을 완화시켜 준다.
- 성적관계를 조절 → 만족스럽고 열정적인 성생활을 할 수 있도록 도와 즐겁고 장기적인 파트너십을 지속할 수 있다.

▶ 치료효과
- 혈압을 높이고 아드레날린을 분비시켜 활동 향상에 도움을 줌
- 혈액순환을 원활히 하고, 신진대사, 피부와 선(GLANDS)에 자극적인 효과(여드름, 습진, 기미, 알레르기 등).

- 빈혈, 혈액관련 질환, 기관지 천식, 기관지염, 무기력, 결핵, 우울증의 치료
- 정서 불안, 흥분성, 발열, 혈색이 안 좋은 사람, 고혈압, 염증, 정신이상, 신경염, 머리카락이 붉은 사람에게는 부적합

빨간색은 감정을 자극, 흥분시켜 투지를 고조시키는 심리적 효과가 있는 색으로 샤머니즘 의례에서도 빨간색은 흉사와의 투쟁에서, 양기로써 생명을 지켜낸다는 뜻으로 역병퇴치, 무병장수의 임무로 가장 빈번하게 등장한다.

빨강을 좋아하는 사람은 외향적이고 충동적인 성향이 강하고 이런 사람들은 삶을 즐기는 낙천성을 가지며 항상 즐거운 기분을 가지려 한다. 대개 신체적 활동이나 모험, 운동경기 등의 외적인 활동을 즐긴다. 또한 성격이 급하고 공격적 성향이 강한 반면에 주관적이고 단순한 경향이 있다.

정신적·정서적 특징으로는 동기부여, 자극, 활동성, 의지력을 특징으로 하는 강점이 있고, 점잖지 못하고, 세련됨이 부족하고, 완고하고 잔인한 약점을 지닌다.

또한 사람이 빨간색에 노출될 때 내분비선인 뇌하수체 선은 동작한다. 단 수분의 일초 이내에 화학적 신호가 뇌하수체 선으로부터 부신으로 전달되고 에피네프린(아드레날린)이 분비된다. 아드레날린은 혈류를 통해 흐르며, 신진대사의 영향과 함께 특정한 생리적 변화를 일으킨다. 다음의 반응들은 즉시 시작되지만, 개인의 항상성(외적 환경의 변화에도 불구하고 신체의 내적 조직이 균형을 유지하는 생리적 과정)에 따라 몇 분 또는 몇 시간 동안 나타나지 않을 수도 있다.

혈압이 상승한다. 증가된 맥박 수에 의해 알 수 있듯이, 혈액의 흐름이 빨라지고 호흡이 가빠진다. 자율 신경계가 작용해서 반응이 자동적으로 일어난다. 빨강은 삶, 힘, 생명력의 상징이고 이는 혈액순환을 활성화시키고 뇌척수액을 자극하여 교감신경계를 활성화시킨다.

빨강은 남성적인 힘과 관련된 강력한 정력제이자 고무제이다. 생식선과 생식주기와 연결이 되어 있어 불임의 경우에 사용하기 적당한 색이다. 빨강은 체내의 헤모글로빈에 영향을 줘서 에너지를 증가시키고 체온을 상승시키며 체온을 상승시키고 신경조직을 자극하기 때문에 에너지가 없고 창백한 사람이나 빈혈에 시달리는 사람에게 좋다. 철분 결핍, 마비에 시달리는 사람이 빨간색을 가까이 한다면 완화되는 효과를 볼 수 있다. 빨강은 몸을 따뜻하게 해주는 특성이 있으므로 감기에 잘 걸리는 사람이나 추위를 유난히 타는 사람이라면 빨간 옷이나 빨간 소지품을 사용하도록 하자. 또 급격한 체온 저하의 위험이 있는 등산이나 스키 등의 스포츠를 즐길 때도 빨강을 가까이할 필요가 있다.

또한 빨간색은 땅과 흙의 색이기 때문에 어린아이들이 특히 이 색을 좋아한다. 사춘기가 될 때까지 아이들은 땅에서 많이 놀게 되는데 빨간색은 이 과정을 돕는 색채라고 하였다. 그러나 이 색의 강력한 활력과 촉진시키는 특성으로 인해 치료에는 많이 적용되지 않으며 특히 불안이나 정서불안, 고혈압, 천식이 있는 경우에는 사용해서는 안 된다.

신체적 효과로는 생명체에 활력과 에너지를 촉진해준다. 아드레날린을 분비시켜 혈액순환을 향상시키며, 헤모글로빈이 생성될 수 있도록 돕는다. 혈압과 체온을 상승시키고 신경 조직을 자극한다.

빨간색은 열병, 고혈압, 상처, 화상, 염증에는 사용하지 말아야 한다.

정열을 상징하는 빨간색은 상처부위를 완화시켜 주고 충혈된 부위를 풀어주는 데 효과가 있다. 색채치료 관점에서 흔히 '빨간약'으로 불리는 머큐로크롬이 상처의 소독과 치료뿐만 아니라 환자의 심리적인 부분까지 치료했던 것과 같은 이치다. 또한 빨간색은 혈액순환을 촉진하는 데도 효과가 있다. 시중에서 판매되는 대부분의 빈혈약이 빨간색인 이유가 여기에 있다.

빨강은 아마도 모든 색 중에서 가장 위압적이며 역동적인 색일 것이다. 빨강은 가장 잘 눈에 띄고 다른 색을 압도한다. 눈의 망막은 붉은빛의 파장을 잘 감지할 수 있어야만 한다. 붉은빛 파장의 자연적 감지점은 망막 뒤에 놓여 있다. 이 때문에 빨간색은 돌출되어 보임으로써 빨간 물체가 그것들이 있는 곳보다 더 가까이 느껴지게 하는 착각을 일으키게 한다.

이러한 남성적이며 역동적인 빨강의 속성은 핑크로 색이 바뀌면서 급격하게 변한다. 그래서 핑크로 칠해진 부분에서 색의 속성이 여성적 속성으로 바뀌며 순종적이고 얌전한 느낌을 드러낸다.

빨간색의 보색인 청록색

보색인 청록색과 함께 사용될 때에는 감염과 폐렴 증세를 중화시키고, 변비를 완화시킨다. 이는 빨강이 해당부위에 혈액순환을 증가시켜 박테리아가 침투한 지역에 혈액의 공급량을 증가시키는 동안 청록색은 염증을 소독하고 염증의 양을 줄인다.

청록색은 파랑과 초록색의 혼합색으로, 주요한 일곱 개의 차크라 중에 하나와는 연결되어 있지 않으나, 갑상선과는 연결된 작은 차크라에 연관되어 있다. 청록색은 면역 체계를 증진하기 위한 색이다. 전염병에 대항하는 우리의 면역체계는 주로 임파 체계는 액체 상태의 조직과 림프를 임파결절들이 다양한 기능을 하는 림프구를 만들어내는데, 이 림프구는 항체를 만들고 비정상적인 조직을 공격한다. 청록색은 면역 체계를 강화시키는 효과가 있으므로 전염병이나 패혈증, 감염, 부패성 상태와 AIDS 치료에 청록색이 사용된다. 면역체계를 강화시키려고 노력하는 것은 에이즈 환자들의 생명을 연장시킬 수도 있게 되는 것이다.

2) 초록

감정의 균형을 잡는 데 도움을 주는 것으로 알려진 초록색은 우울증과 같은 심리상태와 관련된 질환의 치료약물에 많이 쓰이고 있다. 일반적으로 항우울제는 초록색을 사용하고 있다. 약물의 자체 효과 외에 그 색깔이 환자의 감정 균형을 잡아 마음을 안정시키는 데 도움이 되는 것으로 알려져 있기 때문이다. 초록은 식물의 상징이며 자연의 기본적인 색이고, 봄을 상징하는 색이다.

- 신경 예민, 조울증에 유용하다.
- → 모든 것을 명확하게 만들어주고 은신처와 같은 편안함을 준다.
- 불안증세, 현실성과 지구력이 약한 사람, 억압과 압박을 받는 사람, 조화가 힘든 분열된 사람, 정신이 혼란한 사람, 운동성이 강한 사람에게 필요하다.
- 방황하고 자기 힘으로 독립할 수 없는 사람에게 효과적이다.
- → 정서적으로 침착함과 태연함을 준다.
- 파랑과 노랑의 혼합 → 불안증세가 강한 사람, 느슨하고 잘 풀어지는 사람, 구체성이 약한 사람, 지구력이 약한 사람에게 효

과가 있다.

- 황록색(따뜻하고 밝은 기운) → 겁이 많은 사람, 억압을 받은 사람에게 필요
- 청록색 → 진지함과 신뢰성 및 언행일치가 필요한 사람에게 적합

▶ 치료효과
- 심리적으로 거의 자극을 주지 않는 색: 침착, 안정, 평정
- 조화와 균형의 색으로, 심장과 가슴, 감정의 균형을 잡는다.
- 교감신경에 작용해서 신장, 간장에 도움, 정신이 분산되는 것을 막고 집중력 배양에 도움
- 성장을 촉진. 부러진 뼈, 모든 종류의 조직 재생에 좋음
- 임산부에 좋음
- 성장, 자연, 다산, 창의력, 치유, 균형
- 심장 질환, 천식, 감기, 궤양, 고혈압, 신경통과 관련
- 스트레스, 긴장, 불안, 불면증에 효과(스트레스성 여드름, 비만, 대장염 등의 질병에 탁월)
- 공해물질에 대한 해독작용

녹색은 노랑의 쾌활함과 파랑의 숭고함이 섞인 색이다. 녹색의 효과에 있어서 밝은 녹색은 그 순수색채에 있어서 퇴조하고 있다. 녹색은 적극적 이미지 결합에서 보면 조용하고 신선하며 그리고 자연적인 이미지를 갖고 있다. 눈이 정확하게 망막에서 녹색을 감지하고 있기 때문에 시각적으로 가장 편안한 색이다. 녹색의 부정적인 이미지는 무료함, 떳떳하지 못함, 단조로움 등이다.

우리가 일찍이 녹색을 세밀하게 살펴보았을 때 종래의 녹색 이미지가 자연과 활발한 성장의 느낌이었다면, 초록은 노랑과 파랑의 중간에 있는 색으로 뜨겁거나 차갑지도 않으며 균형, 조화, 연민의 색이다. 초록은 심리적으로 조화롭고 균형 잡힌 효과를 주며, 마음을 진정시키고 평화로운 느낌을 준다. 녹색은 모든 색 가운데 가장 마음을 진정시키고 평화로운 느낌을 준다.

초록을 좋아하는 사람들은 자신을 분명하게 표현하지 않으면서 유순하고 성실하며 참을성이 강하고 겸손하며 집단생활을 잘한다. 그러나 초록색 옷만 입거나 주변 환경을 온통 초록으로만 치장하는 사람은 무의식적으로 불안에 시달리는 경우가 많은데 이는 불안하고 적대적인 환경을 벗어나기 위해 조화와 균형의 색인 초록에 집착하는 모습을 보일 가능성이 크다.

초록색의 정신적·정서적 특징은 안전과 보호의 이미지이다. 적응력, 베풂, 관용, 협력의 성질이 있다. 감정의 안정, 올바른 판단, 양심의 고양과 연결되어 있는 강점을 지닌다. 그러나 의심, 지나친 조심성, 질투, 무관심, 냉담함 등을 유발하는 약점도 지닌다.

초록은 근육과 뼈, 그 밖의 세포막을 재생한다. 초록색은 심신을 시원하게 하고, 완화시키며, 안정시킨다. 또한 긴장을 완화하고, 혈압을 낮추며, 교감신경계에 최면제 작용을 한다. 종기와 낭종 치료에 유익하게 사용할 수 있고, 천식, 기관지염, 협심증과 가슴질환에 효과적이다. 초록색은 전염병에 유용하게 사용될 수 있는 방부성의 속성을 가진다. 초록은 해독이나 심장 발작이 있을 때도 사용할 수 있다. 그러나 초록을 과하게 사용했을 때는 졸음이나 짜증 같은 가벼운 부작용이 있을 수 있다. 켈리(William Kelly)의 실험에 의하면 초록색은 완전히 발달하지 못한 상태에 있는 세포조직을 파괴할 수 있다고 한다. 암세포는 발달하지 못한 채 초기상태에 있는 세포와 조직 면에서 매우 유사하지만 특정한 유전적인 패턴을 따르는 세포와는 달리 암세포는 일정한 형태를 따르지 않아서 몸에 종양을 만들어낸다고 한다. 이러한 사실에 비추어볼 때 보색인 자주색과 함께 사용하면 악성종양을 치료할 수 있다고 하였다. 또한 특정한 상황에서 태아의 세포 구조를 파괴한다는 것을 발견하였다. 이러한 관점에서 볼 때 초록광선은 임산부인 경우 심장 차크라에만 적용하는 것이 좋다.

초록을 너무 가까이하면 기분이 저하되어 우울해질 수 있다. 초록은 불안 증세를 보이는 사람, 억압이나 압박을 많이 받는 사람, 조화가 어려운 분열된 사람, 정신이 혼미한 사람, 현실성과 지구력이 약한 사람, 운동성이 강한 사람에게 필요한 색으로 미술 치료에 빠져서는 안 되는 색이다.

초록색은 분류계 색이다. 짙은 초록, 연두색, 그와 비슷한 색들은 특정 부류의 사람들, 이를테면 건초열이 있는 사람들에게 항알레르기제 또는 감감제로 작용한다. 반대로 흰색이 많이 섞이고 노란색이 적게 섞인 초록색은 더 광범위한 사람들에게 호소력을 갖는다. 초록색 계통의 색에 둘러싸이면 인체 내에서 유익한 신진대사 작용이 일어난다. 이런 미묘한 생리적 변화들은 다음을 포함한다. 혈액 히스타민(Histamin) 수준이 올라간다. 히스타민은 인체의 거의 모든 조직에서 발견되는 화합물로서, 주로 혈관의 팽창과 폐와 같은 부드러운 근육의 수축과 관련이 있다. 히스타민은 염증의 중요한 중재자이며, 피부가 손상되었을 때 다량으로 분비되어 붉은 빛이나 부스럼과 같은 피부 반응을 일으킨다. 히스타민은 또한 과민성 반응이나 알레르기 상태에서 분비되어 몇 가지 증상들을 발생시킨다. 음식 첨가제에 대한 초과민성이 약화된다. 습진, 설사, 위장 질환으로 인한 고통이 줄어들고, 지속 기간이 감소한다.

신체적 효과는 교감신경계에 유익한 작용을 한다. 세포 조직을 형성하는 데, 그리고 유해물질을 없애주고, 긴장을 완화하고 혈압을 낮추는 데 도움이 된다. 하지만 잘못 사용하면 졸음과 피로나 짜증을 유발한다.

초록의 보색은 자주

이 색은 빨강과 보라로 이루어져 있고 "방출하거나 풀어놓는다"는 것과 관련되어 있다. 예를 들어 실연의 아픔을 겪고 있는 사람을 이 색으로 치료할 수 있는 것이다. 자홍색의 보색인 초록과 함께 사용하면 암의 치료를 도와줄 수 있다. 그러나 전염성인 질환이나 생명을 위협하는, 질병의 말기에는 항상 전문의학치료와 함께 실행해야만 한다. 자주색은 귀 울림, 양성종양, 분리된 망막을 치료하는 데도 사용된다.

3) 보라

보라는 파랑과 빨강의 혼합색으로, 자극과 억제를 동시에 지닌다. 대표적인 차가운 색과 따뜻한 색으로 혼합되어 통일성과 균형을 맞추기 어렵다.

- 들떠 있는 사람들에게 보라색을 사용하여 기분이 조정되고, 호흡이 짧은 사람에게 평온함을 준다.

- 정신분열환자, 의기소침하고 우울증 증세의 사람, 감정기복이 심한 사람에게 필요하다.
- 보라색의 낙서를 하게 되면 정서와 에너지를 얻을 수 있다.
→ 창의력을 높이고 직관력과 개성을 개발하게 된다.
- 파란 톤의 보라 → 신경성과 심경의 변화가 심한 사람, 숨 쉬기 어려운 사람에게 도움을 준다.
- 붉은 톤의 보라 → 신진대사의 변화가 심한 사람과 숨을 들이쉬게 하는 데 도움을 준다.

▶ 치료효과
- 면역활동과 림프계통의 활동을 증진, 심장의 활동을 편안히 해줌
- 신체를 정화하고 수면을 돕는다.
→ 불면증(보라색 침구): 마음을 맑게 하고 평화를 가져다줌
- 편두통에 효과(보라)
- 류머티즘과 간질병, 뼈의 치료에 도움(자주)
- 식욕조절: 비만증 치료
- 우울한 상태에서 피함(감수성을 예민하게 함)

보라색은 스스로를 사랑할 수 없는 유형의 사람들, 즉 그들의 생각, 감정, 육체에 대한 자부심이 없는 사람들에게 필요한 색이라고 보았다. 이 색은 정신분열증과 같은 심리학적 질환에 매우 효과적이며, 또한 좌골 신경통, 두피의 질병과 신경체계와 관련된 모든 병에서도 사용될 수 있다는 것이다. 하지만 마음을 헤집어서 불안하게 만드는 작용도 하기 때문에 폭력적인 성향이 있는 사람에게는 해롭다.

보라는 아주 깊은 상처를 보여주며 대인관계에 있어서 원만하지 않으며 외고집, 심술, 비사교적, 자기중심적, 남과 잘 다투는 성격이 나타난다. 감수성이 뛰어나 섬세하며 소극적이다.

보라색의 정신적·정서적 특징은 보라는 품위, 고상함, 자존심, 예술적 기교, 끈기, 현실적인 이상주의 등과 어울린다는 점이 강점이다. 역사적으로 왕실에서 사용했던 색이며 보라색이 지닌 에너지가 가장 긍정적으로 발휘될 때에는 합일과 일체의 힘을 만들어내기도 한다.

그러나 잘못 사용하면 건망증, 인내력 부족, 경솔함, 무례함, 자만심과 연결되는 약점도 지니고 있다.

신체적 효과는 보라색은 뇌하수체 기능과 연결되어 있어서 호르몬의 활동을 정상화시킨다. 강박적 질환, 성격적인 불균형 같은 정신 질환, 신경통 등의 치료에 도움을 준다.

4) 노랑

노란색은 에너지 덩어리인 태양의 색깔이다. 그래서인지 운동신경을 활성화하고 특히 근육에 사용되는 에너지 생성에 효과가 있는 것으로 알려졌다. 노란색은 소화에도 효과가 있으며, 우리 몸에 활력을 불러일으키기 때문에 움직임에 도움을 주는 관절염 약에 주로 쓰인다. 노란색의 관절염 패치가 그 예이다.

- 의기소침과 우울증 치료에 효과적
  → 심리적으로 위축되어 자존감이 떨어지고 우울하며 비관적인 상황일 때, 밝고 긍정적인 사고를 하도록 돕는다.

- 현실성이 적은 사람이나 보호를 받지 못한 사람들을 개선하는 데 도움을 준다.
- 긍정적 에너지를 얻거나 생각을 정리할 때 노랑을 사용한다.
- 지적인 활동이 너무 많고 고집이 있는 사람에게는 노랑을 줄이는 것이 좋다.
- 연노랑 → 고집이 센 사람, 집착하고 고루한 사람에게 따뜻한 느낌을 경험하게 하면 좋다.
- 진노랑(밝은 노랑보다 따뜻한 느낌) → 억제되고 경직된 사람에게 도움을 주고, 리듬체계에 강하게 관여하여 이완되고 명랑해진다.

▶ 치료효과

- 몸의 기능을 정화시켜 줌
- 신경질환에 도움을 주는 색으로, 복부, 창자, 간, 비장과 쓸개에 효과 (변비: 화장실의 노란색 적용-대뇌신경 자극, 부교감신경 자극)
- 지성의 색으로 정신의 자극에 사용되는 데, 빠르게 사고하는 데 도움. 혼탁한 머리를 맑게, 명철함과 인지를 높이고, 흥미와 호기심 유발, 우울증의 치료.
- 피부염 치료: 노란 광선 → 스킨 필링 후 늘어진 피부재생효과, 피부상태 개선
- 설사, 고열, 염증, 흥분상태에서 피함(뇌를 자극하는 힘이 있기 때문)

반사적이며 형광적인 노랑은 모든 색 중에서 가장 행복함을 잘 나타내는 색이다. 노랑의 적극적인 이미지 결합과 인상에서 보면 노랑은 힘을 돋우고 당당하며 생명을 주는 태양의 이미지를 암시하는 색이다. 노랑은 쾌활하고 안전한 느낌을 주지만 노랑이 너무 강할 때는

자기중심적이며, 칸딘스키가 기술했듯이 '미친 웃음'을 연상시키는 느낌을 준다. 노랑은 비교적 밝은 색이다. 즉, 노랑이 밝지 않으면 그 자체의 속성을 잃게 된다.

서양에서 황색은 이중적인 이미지를 지니고 있다. 즉, 황색은 모든 색 중에서 가장 밝은 색이지만, 검은색, 회색이나 녹색이 아주 적은 양만 첨가되어도 곧 녹색기미를 띠면서 본래의 특성을 상실하므로 부정적인 이미지, 즉 질투, 배신, 의혹, 불신을 상징하기도 한다.

이 색은 신체의 운동신경을 활성화시키므로 근육의 에너지를 생성시킨다. 만약에 신체의 어떤 부분에 이 색의 에너지가 부족하면 부분적 혹은 완전 마비(중풍), 소화불량, 골절과 관절에 이상이 오게 되는데 이런 상황이 오는 사람에겐 노란색은 역시 유용한 것이다.

노란색은 피부 감촉을 좋게 만들기 때문에 피부에 사용되는데 피부에 난 상처를 소독하고 치료하거나 습진 같은 병을 이 색으로 치료할 수 있다. 노란색은 칼슘을 분해하는 것도 돕기 때문에 류머티즘이나 관절염에 사용될 수 있다는 것이다. 노란색은 췌장을 다스리는 태양신경총 차크라와 연관되어 있어 소화계를 조절하고 간과 장의 배설 기능을 통해 몸을 정화하도록 도와준다.

노란색은 조인 것을 풀고 넓히며 규칙적으로 조정해주는 기능을 한다. 때문에 짧은 시간 동안 노란빛을 위장계통에 쏘이면 노랑은 소화제 구실을 하고 장시간 쏘이면 설사를 하게 된다. 따라서 변비환자가 노랑을 가까이하면 배변이 수월해진다. 정신활동을 자극하면서 밤을 새워 작업하거나 공부해야 할 때도 도움이 되는 색이다. 하지만 고열에 시달리거나 심장박동이 지나치게 빨라질 때는 노랑을 삼가야 한다.

노란색의 정신적·정서적 특징은 희망, 화사함, 쾌활함, 편견이 없고 도량이 넓음, 긍정적·지적인 식별력 등이 이 색의 강점이다. 부정적으로 작용하면 파괴적, 속임수, 기만, 음흉함, 지배욕, 아첨, 비관주의 등과 이어지는 약점도 지니고 있다.

신체적 효과는 신경계와 심장과 근육을 강화시켜 주는 작용을 이끌어낸다. 위액 분비를 촉진하고 적절한 내장 운동을 도모하고 근육과 관절의 염증 증세를 호전시키는 효과도 있다. 노란색이 정신병이나 노이로제에 시달리는 사람에게는 사용하지 않는 것이 좋다.

노란색은 에너지 덩어리인 태양의 색깔이다. 그래서인지 운동신경을 활성화하고 특히 근육에 사용되는 에너지 생성에 효과가 있는 것으로 알려졌다. 노란색은 소화에도 효과가 있으며, 우리 몸에 활력을 불러일으키기 때문에 움직임에 도움을 주는 관절염 약에 주로 쓰인다. 노란색의 관절염 패치가 그 예이다.

노랑의 보색은 보라

자주는 빨강과 파랑을 혼합한 색이다. 이 두 색은 물리적으로나 심리학적으로 각각 반대되는 위치에 있다. 보라는 밝은 자주에 속하는 색이며 순수한 분광 색상이다. 자주는 혼합색이다. 자주와 보라는 색조에 있어서 다양한 다른 측면들을 포함하고 있다.

자주의 적극적인 이미지 결함과 인상은 숭고하고 당당하며 독보적인 성격을 지닌다. 부정적인 측면에서는 외로움, 슬픔, 혹은 거만한 이미지가 결합되어 있다.

자주는 성직자들에게 사용된 성직자의 색이었다. 자주는 파랑의 통합과 빨강의 힘을 나타낸다. 빨강의 어두운 면은 완고하고 불길한 예감을 의미한다. 자주는 느낌, 숭고함, 부, 신비함의 내면화와 깊이를 상징화한다.

자주는 빨강에 가깝고 색이 엷어질수록 감각적이고 매력적이며, 신비스러운 성격을 띠게 된다. 또한 달콤하고 미적이며 친밀한 느낌도 주고 있다. 자주의 분명한 뉘앙스는 불안함, 타락, 우울함, 그리고 최면적인 분위기로 나타난다.

파랑과 빨강의 혼합색인 보라는 두 가지 색깔의 상징인 자극과 억제를 동시에 지니고 있다. 보라색은 감수성을 조절하고, 배고픔을 덜 느끼게 하며, 백혈구를 조성하고, 이온 균형을 유지시킨다. 보라는 영적인 자각의 영역으로 이끌 수 있어, 실제의 우리 자신과 하나가 되기 위해 통과해야 할 마지막 관문이 되며, 통찰력과 영감과 연관되어 있다.

5) 파랑

파란색은 진정효과와 신뢰감을 주는 것으로 알려져 있다. 신진대사를 원활하게 하고 성장을 촉진하며 혈액순환을 정상적으로 회복시킨다는 연구결과도 있다. 그래서 수면제와 안정제에는 파란색 포장이 많다. 또한 파란색은 남성성을 대표하는 색이기도 하다. 이런 남성성과 신뢰감을 상징하는 파란색을 잘 활용한 약이 바로 발기부전치료제의 대명사인 '비아그라'다. 비아그라의 파란색은 남성의 행복한 꿈의 실현을 표현하면서 강직함을 상징한다.

파랑은 내향적의 색으로 감정을 조정하고 순응시키는 작용을 하며 물과 태양, 하늘을 상징한다.

• 피로하고 병이 있을 때 파랑에 대한 욕구가 커진다.

→ 이러한 경우 파랑을 사용하고 그리거나 입도록 하면 신체가 이
   완되고 고요해진다.
· 파랑은 어려운 상황에 인내심을 가지게 하여 문제의 해결력이
   생기도록 도움을 준다.
· 하늘색 → 광활함과 자유로움, 물질세계에서 해방된 느낌을 주
   어 숨을 내쉬도록 한다.
· 남색 → 심리적으로 어려운 상태의 사람에게 자유와 고요, 평안
   함을 준다.
· 터키색 → 수줍거나 타인 앞에서 자신을 개방하는 사람들에게
   자신감과 안정을 준다.

▶ 치료효과
− 정신적인 긴장을 풀어주는, 고요, 조화의 색(안정, 완화, 침착, 집중)
− 신경계에 안정 효과, 긴장 이완의 효과(신경성 고혈압, 극심한
   두통, 불면증, 신경통, 히스테리, 경련, 졸도, 피로감 회복)
− 혈압과 맥박 수를 낮추고 목 질환을 완화
− 맥박을 느리게 하며 호흡을 깊게 하도록 함 → 호흡기 질환
− 열을 식혀주고, 부패를 방지, 화상에 유익
− 대머리, 치통, 궤양, 인후염에 효과
− 옅은 파란색은 긴장을 풀어줌
− 감기, 근육의 수축, 만성 류머티즘에는 역효과가 날 수도 있음

파랑은 평온한 분위기를 만드는 색이다. 따라서 파란색을 싫어하
는 사람은 거의 없다. 파랑은 평온한 효과를 지니고 있다. 밝은 파랑

은 소극적인 성격을 나타낸다. 파란색이 차가운 색이라는 인식은 특히 색상환의 차가운 색 쪽에 나타나기 때문에, 어느 정도는 사실이다. 밝은 파랑은 차갑다. 반면에 중간 파랑과 짙은 파랑은 좀 더 따뜻한 느낌을 준다. 푸른 물질은 차갑거나 따뜻한 것으로 고려된 한도에 영향을 미치는 것처럼 보여준다. 카펫과 두꺼운 직물 혹은 거친 표면에 쓰이는 짙은 파랑은 항상 파랑을 따뜻하게 만들어줄 것이다.

파란색은 심리적으로 소극적, 내성적, 지성적, 냉정한, 시원한 효과로 시각 생리적인 균형을 이루게 하여 보는 사람들에게 산뜻한 쾌감을 일으킨다.

샤머니즘 의례에서 파란색은 양기성의 길색으로 진경(進慶), 초복(招福)을 상징하고, 양기의 숨을 불어넣는 생명성으로 귀신의 음의 기운으로 쇠퇴해가거나 죽어가는 목숨들을 살리기 위한 방법으로 구귀축역(驅鬼逐疫)에 반드시 등장한다. 특히 파란색은 빨간색과 음양의 대비로 남녀를 의미하고 샤머니즘 의례에서도 벽사·상생적인 의미, 목생화 조화로 각별히 사용되고 있다.

정신적·정서적 특징은 영혼의 더 깊은 영역으로 들어가는 특징이 있으며 가장 고상하게 나타나는 특질은 열망이다. 성실성, 아름다움, 제치, 평화, 믿음, 긴장이완의 성질을 지니는 것이 강점이다.

반면에 의심, 감상적, 비현실성, 게으름 등에서 우울 상태로 갈 수 있는 약점을 지닌다.

진정의 효과가 있다고 알려진 진한 하늘색(병원에서는 '강심제 파란색'으로 알려짐)은 모든 색 중에서 가장 사람을 안정시키는 색이다. 사람의 시각 영역에 파란색이 들어오면, 뇌는 안정시키는 11가지의 신경 전달 물질들을 분비한다. 이 호르몬들은 신체 전체에 안정을 가져다주는 화학적 신호들이다. 이 호르몬들은 또한 다음과 같은 반응을 일으킨다-맥박을 느리게 한다, 호흡을 깊게 한다, 발한(發汗)작용을 감소시킨다, 체온을 낮게 한다, 식욕을 감퇴시킨다.

파란색은 일반적으로 신체의 강장제 역할을 하며, 방부제 성질과 근육, 혈관을 축소시키는 효과가 있다. 파란색은 혈액순환을 정상적으로 회복시키는 균형과 조화의 색으로 신경흥분을 가라앉혀 준다. 파란색을 공간감각을 만들고, 그렇기 때문에 차가운 색채라고 하지만 실제 온도가 이 색채 그 자체만으로 영향을 받은 것은 아니다. 파랑은 일반적으로 순환계를 안정시키고 축소시킨다. 열을 동반한 상태, 빠른 맥박, 고혈압에 적용하면 성공적인 효과를 볼 수 있다.

서늘하게 식혀지고, 살균작용을 하여 부패를 막아주는 효과가 있다. 마음을 안정시키는 효과 때문에 긴장이나 스트레스, 두통에 시달릴 때 파랑을 사용하면 진정이 되고 목이 쉬었을 때나 목에 문제가 생겼을 때 도움이 된다. 또 여성들의 생리통에도 도움이 되는데 파란빛이 나는 전등을 켜놓으면 생리통이 완화된다.

이 색은 파란색의 보색인 오렌지색과 함께 사용되면 평화로운 기쁨의 상태로 유도하지만, 과다한 광선은 우울증을 유발한다.

또한 저혈압, 마비 증세, 감기치료에는 사용하지 않는 것이 좋으며 소심하고 수줍고 느린 사람에게는 적당하지 않다. 의사소통에 문제가 있거나 뇌를 많이 사용하는 일을 하는 사람은 이 광선을 이용한 관리로 효과를 볼 수 있다. 그림의 선이나 형태를 그릴 때 파장을 사용하는 것은 성격적으로 명랑하고 활동적이며 적응활동을 보이는 일이 많으며 어떤 정해진 규범에 잘 맞추어 지내겠다는 의사표시기도 하다.

신체적 효과는 신경을 진정시켜 주는 효과, 스트레스 완화 효과,

인후염, 후두염, 목이 쉬었을 때, 생리통, 편두통, 불면증 등에도 유익하게 사용할 수 있다. 그러나 저혈압, 마비 증세, 감기, 우울증 등에는 사용하지 않는 게 좋다.

파란색은 진정효과와 신뢰감을 주는 것으로 알려져 있다. 신진대사를 원활하게 하고 성장을 촉진하며 혈액순환을 정상적으로 회복시킨다는 연구결과도 있다. 그래서 수면제와 안정제에는 파란색 포장이 많다. 또한 파란색은 남성성을 대표하는 색이기도 하다. 이런 남성성과 신뢰감을 상징하는 파란색을 잘 활용한 약이 바로 발기부전치료제의 대명사인 '비아그라'다. 비아그라의 파란색은 남성의 행복한 꿈의 실현을 표현하면서 강직함을 상징한다.

6) 주황

주황은 정신을 고양시키고 몸을 따뜻하게 하며 비장 기능을 강화해 소화에 도움을 주는 것으로 알려져 있다. 주황색을 살린 대표적인 소화제인 '베아제'는 색채치료 효과를 적용해 2004년 초록색에서 주황색으로 제품 색깔을 바꾸었다.

- 주황색의 치료가 필요한 사람들에게는 처음부터 색을 사용하기보다, 먼저 남색에서 흰색, 가라앉은 파랑, 복숭아 색, 보라, 차분한 녹색을 연습하게 한 후 주황을 사용하게 한다.
- 신경 쇠약, 우울증, 강간, 이혼, 사고 등 슬픔과 상실감에 빠져 있을 때 도움이 된다.
- 인지학적 관점에서 빨강이 많이 함유된 주홍은 어떤 사람에게

는 즐길 수 있고 치료에 도움이 되지만, 그와 반대로 견딜 수 없
는 색이며 안정을 파괴하기도 하므로 주의해야 한다.
· 주황은 숨을 들이쉬지 못하는 사람이나, 헤매는 사람, 현실도피
적인 사람들에게 활동성과 어떤 일을 시도할 수 있게 도와준다.

▶ 치료효과
- 회복, 탄력, 따뜻함, 자극의 효과: 에너지의 색으로 면역과 성적
능력을 증가
- 소화기병, 흉부와 신장병에 도움
- 신체의 밸런스를 맞추어 튼살 개선, 주름세포조직의 조기 노화
및 호르몬의 이상분비로 인한 피부트러블 개선에 사용
- 폐의 조직을 도와주며 변비에 효과
- 감정의 긴장과 막힘을 극복하는 데 도움이 되며 우울증, 무기력
환자에 도움
- 삶의 욕구를 강하게 해주는 가장 최고의 흥분제로 사교적인 색
- 예민하거나 쉽게 성을 내는 사람이나 식욕을 돋게 하고 포만감
을 느끼지 않게 하므로 다이어트 하는 사람에게 부적합

주황은 심리적으로 따뜻하고 명랑한 분위기를 나타내며 흥미를 더
해준다.

주황의 정신적·정서적 특징은 사교적이고 지도적인 빨강의 특징
을 지니나 빨강보다 건설적으로 행동한다. 주황색에는 열정이 있고
자연스럽고 충동적인 활기가 있는 것이 강점이다. 반면에 거만함, 과
시하려는 성향, 우울증의 경향으로 이어지는 것이 약점이기도 하다.

주황의 신체적 효과는 혈액순환 과정을 촉진하고 신경계와 호흡계에 영향을 미치며, 동호 작용을 도와준다. 칼슘의 색이므로 임산부에게 도움이 되며, 비장과 신장 질환 치료에도 유익하다는 주장이다. 그러나 쉽게 동요하는 성질을 지녔거나 스트레스로 고생하는 사람들은 주황색을 사용하지 않는 게 좋다.

심리적으로 깨어 있게 하며, 마음의 갈등을 이완시키고 온화함을 더해준다. 하지만 변덕스럽고 피상적일 때가 있고 불안과 경계의 의미가 있기도 하다. 성격이 소극적이고 내성적인 아동들이 이 색을 많이 쓰면 원기왕성한 생동의 충동을 많이 느끼고 적응력이 생겨난다고 한다.

치료적 효과를 보면 주황색은 침울하거나 우울한 사람들에게 도움이 되며, 무기력하거나 무감각한 사람에게 필요하다. 주황색으로 낙서를 하거나 그림을 그리면 긍정적인 변화를 일으킬 수 있고 사회성이 발달한다. 특히 호흡이 짧은 사람이나 간질환자에게 필요한 색이다.

오렌지색 광선은 신장과 쓸개에 있는 결석을 다루는 데 사용한다. 삶과 다른 사람에 대한 분노와 비통함 때문에 우리 몸속에 결석이 생기기도 한다. 오렌지색의 경련을 막는 성질은 근육의 경련과 쥐가 나는 경우에 효과적이고, 또한 담석증, 감기, 무기력한 갑상선과 기관지의 경우에 사용된다. 오렌지색에는 노랑이 들어 있어 소화기관과 비장에 영향을 미친다. 소화불량이나 변비, 생리불순이나 기타 자궁의 질병으로 고생하는 여성들에게 효과적이다. 또한 폐를 확장시키며 근육의 경련을 진정시켜 준다. 칼슘의 신진대사를 돕고 구토를 진정시키기도 하지만 혈압에는 아무런 영향을 미치지 않는다.

몸에 칼슘을 증가시키는 역할을 하기 때문에 특히 임산부에게 권

장할 만한 색이다. 특히 아기를 출산하고 난 후 주황색 옷을 입으면
자극을 받아 모유 분비가 잘된다고 한다. 피로를 관리하는 데도 적당
한 색채이다.

신체운동을 자극하기 때문에 아침에 잘 일어나지 못하고 활력이
없는 사람에게도 좋다. 하지만 신경질적이고 과도하게 활동적인 사
람, 산만한 사람에게는 부적절하다.

7) 갈색

갈색은 수용적이며 수동적인 느낌을 주지만, 자연과 대지를 상징
하는 색이다.

- 갈색을 흙을 만나기 어려운 현대인의 치료에 필수적인 색이다.
- 점토은 치료의 중요한 매체로 사용된다.
- → 점토를 주무르고 만지며, 그들에게 결핍되어 있는 것이 어떠한
  것인지 경험하게 된다.
- 신경과 감정이 양극화하는 경향의 사람, 피상적인 사람에게 사
  용한다.
- 우울함과 췌장에 문제가 있는 사람에게 도움이 된다.
- 강박증 노이로제가 있는 환자들에게 갈색과 우물을 많이 나타
  내는 그림시리즈를 그리도록 유도한다(융학파의 야코비(Jacobi)).
  → 자신이 직접 경험하게 해 거부감을 줄여줌

갈색은 청결의 습관지도에 의한 저항의 표출로서 더러워지고 싶은

원망을 가진 어린이들이 즐겨 사용하며 물질적인 욕구와 그것들을 승화시킨 형태로서의 수집욕, 탐구욕 등에 해당된다. 브라운 색채를 만들려면 빨간색과 검은색이 섞여야 하기 때문에, 그 두 가지 색의 특징을 많이 지닌다. 기본적으로 땅의 색으로 나무, 대지, 가구 등을 연상시킨다.

일반적으로 갈색은 환경적으로 건강한 색으로 여겨진다. 갈색은 일하고, 놀고, 자고, 일반적으로 정상적인 신진대사 작용을 수행하기에 좋은 건강한 외적환경을 제공한다. 갈색의 물체들은 내적 신체 기관과 정신을 강화할 수 있도록 영향을 준다. 갈색은 안정감을 준다. 또한 갈색은 다음과 같은 도움을 준다－세로토닌(serotonin; 신경 전달 물질의 하나)의 합성을 촉진한다, 만성 피로감을 약화시킨다, 프로스타글란딘(prostaglandin)E1의 형성을 촉진한다. 프로스타글란딘은 인체의 조직과 유체(Body fluids)에 있는 호르몬과 같은 물질이다. 이것은 많은 기능을 수행하는데 특히 자궁, 뇌, 폐, 신장, 정액 등의 활동에 필요한 인자이다. 따라서 갈색이 프로스타글란딘에 미치는 영향은 신체의 전체적인 정상 활동에 대단히 중요하다. 인간의 수면, 편두통, 면역성, 기분 등을 좌우하는 트립토판(tryptophan) 아미노산의 산도를 증가시킨다.

8) 검정

검정은 밤과 어두움을 상징하지만 새로운 시작과 잉태를 위한 준비단계의 긍정적 의미로도 본다.

- 미술치료나 색 명상에서 검정은 일반적으로 권장되지는 않는다.
- 억압된 감정, 억제된 정서를 표출할 수 있는 기회를 준다.
- 치료과정에서 카타르시스적 의미를 나타나기도 한다.
- 자궁 속의 어두운 색으로 생각하여 어머니에게 보호받는 것을 무의식적으로 느끼는 상황과 연관하여 생각해볼 수 있다.

검정은 어둠의 힘이다. 혹은 달리 표현해서 어둠은 힘이다. '희망이 없는 상태'를 의미하기도 하며 기분을 우울하게 하거나 좌절감에 빠지게 한다. 또한 비정이나 절망, 비탄을 나타내는 색이다. 검정은 빛이 없는 색, 비애, 상실, 굴욕, 악사, 치욕의 색으로 사용되기도 하지만 남성의 경우 부족한 것이나 상실한 것을 나타내기도 하는 반면 자신이 소유하는 것 즉, 지위나 재물, 전문기능직을 암시하는 표시로서 사용하기도 하였다.

검정은 강함, 궁극적, 훌륭함, 전통적, 품격, 위엄, 아름다움, 중후, 남성적, 고급스러움, 고품질, 밤 등의 이미지를 전달한다. 또한 미의식을 높여주고 자기 내면을 통찰하게 하여 행동을 신중하게 하지만 반면에 기분을 우울하게 하고 행동을 느리게 하는 등의 부정적인 면도 보인다.

9) 흰색

흰색은 빛과 밝음을 상징하며 신의 존재를 의미한다.

- 신경과민의 사람과 격한 성격의 사람은 투쟁심을 억제시켜 준다.

- 흰색을 좋아하는 사람은 정신적인 것을 포함하여 잃고 싶지 않다는 소망, 완전함을 목표로 하여 이상을 추구한다.
- 개방과 자유의 잠재성이 있어 내적 정화의 작용을 한다.
- 순수하고 신선해 솔직함을 표현한다.

흰색은 빛, 하늘, 숭고함, 희망, 성스러움, 그리고 순수함을 나타낸다. 기독교 지역에서 흰색은 순결, 결백, 순수를 나타내며 유대인들에게 있어서 순결과 기쁨을 나타낸다.

한편 흰색은 명쾌하고 경쾌함을 느끼게 하는 반면 냉혹함 등 정서적으로 차가움을 지니고 있고, 또한 불안, 정신착란의 심리적 작용을 하기 때문에 다른 색과 조화가 필연적이다. 다행이 흰색은 오방색 계통의 파란색, 황색, 흑색, 자색 등과 조화가 잘되는 색으로 이들과의 배색으로 부작용적인 면을 상쇄할 수 있다.

흰색은 빛과 밝음을 상징하며 하늘, 숭고함, 희망, 성스러움, 순수함을 나타내기도 한다. 빛으로 상징되는 흰색은 깨달음, 부활, 완전성을 나타낸다. 반면에 비어 있거나 공허의 느낌을 주기도 하는데 모든 것을 희생하면서 어떠한 힘도 요구하지 않을 준비가 되어 있는 색으로 느껴져 포기를 의미한다.

흰색은 머릿속이 복잡하거나 불안감이 있을 때 도움이 된다. 또 새로운 일을 시작할 때에도 흰색이 도전의식을 갖게 한다. 하지만 지나치게 흰색을 선호하는 경우에는 내적 동요가 숨겨져 있거나, 그러한 내면으로 자신을 숨기는 거라고 볼 수 있다. 내성적이고 폐쇄적인 성향을 가지고 있고 고집이 있는 경우에도 사용한다.

샤머니즘의 신당의 벽면을 장식하는 무신도에서 흰색은 이러한 의미에서 하늘의 보호를 받을 수 있는 수호신인 천신(天神)에게 칠하여져 사혼(邪魂)을 막는 역할을 상징한다. 또한 백색은 다른 색을 밝게 해주는 데 효과적이라서 흑색과의 대비로 검정 빛깔을 더욱 뚜렷하게 하면서 선(善)의 뜻을 부각시켜 권선징악적(勸善懲惡的)인 면을 두드러지게 하는데, 대표적으로 일월성신도에서 그 고감도를 엿볼 수 있다.

10) 회색

회색은 검정과 흰색이 혼합된 무채색으로 미분화, 안개, 스모그, 먹구름의 색이다.

- 불안을 진정시켜 주어 자신을 속박하고 있는 사슬로부터 벗어날 수 있도록 도와준다.
- 밝은 회색은 정확한 판단을 도와 균형 잡힌 사고를 돕는다.
- 지나치게 부주의하고 무책임한 사람이 정신을 차리도록 하는 데에도 유용하다.
- 회색을 즐기는 사람은 내적 에너지를 보살피지 않고, 외적으로 평안하게 보이려고 하며 지나치게 회색 옷을 많이 입는 사람은 비난과 비판을 많이 하는 사람이다.

순수한 회색은 보수적이고 조용하며 고요한 성질을 갖는다. 뿐만 아니라 황량함, 지루함, 수동성 그리고 무생명의 분위기를 자아내기도 한다. 회색은 빛과 어둠의 양면성을 갖는다. 그것은 긴장도 안심도 아니다. 회색지대에서는 어떠한 방향으로도 분명함을 갖지 않는다.

그것은 중립성이다. 독일에서는 일상적인 회색(Grauer alltag)을 뜻하는 용어가 최상도 최악도 아닌 하루를 의미한다. 기독교의 관점에서는 사랑에 있어서 회색은 부활한 예수를 나타낸다. 즉 신성을 뜻하는 백색과 죄와 죽음의 검정이 혼합된 것으로 보는 것이다.

회색은 에너지가 부족하다. 즉 자신의 의지가 없다. 회색은 어디에도 관여하지 않으며 분명한 주장도 하지 않는다. 색채 디자인에 있어 인접한 색의 특성을 띠고 있다. 회색은 가끔씩 산업현장, 현대화, 콘크리트와 금속의 인공구조물의 이미지와 결합되었다.

그레이는 화이트와 블랙의 성격을 모두 가지고 있는 색이다. 화이트나 블랙의 중간색으로 그만큼 강렬한 개성은 없다. 세련되고 고상함을 잘 나타낸다. 도시적·보수적·지적 이미지가 있다. 그레이 색채는 의욕, 희망, 기대를 가지지 않는 심리 상태로 돌입되기 쉽고, 불안, 무기력, 애매함이 있다.

11) 남색

남색은 진한 파랑과 소량의 빨강이 혼합된 색으로 치료에 많이 사용하지 않아서 색채 스펙트럼의 중요한 여덟 가지 색에는 포함되지 않는다. 남색은 마음을 넓게 만들고 두려움이나 억압으로부터 마음을 자유롭게 한다. 마음과 관련되어 있기 때문에 이 색은 심리적인 영향을 주고 심리적인 불만을 치료하는 데 대단한 효과가 있다고 한다. 남색은 사람을 긴장하게 하며, 열기를 식히고 수렴성이다. 이 색은 부갑상선을 자극하고 갑상선을 억제하며, 혈액을 정화하고, 식세포(혈액이나 조직 내의 세포 또는 박테리아를 막고, 전염을 막아주는 백혈구)를 생성시키며, 저혈효과도 있다. 또한 근육 강장을 촉진하고 호흡기 기능을 증가시키며, 최면제와 같이 고통을 느끼지 않게 해준다. 하지만 너무 남색 옷을 입거나 사용하면 고립적인 경향이 될 수도 있다.

남색의 보색은 금색

보색인 금색과 적용하여 두통, 불면증, 안구긴장, 후두염, 근육의 긴장, 간염과 염증에 사용된다. 금색은 지혜의 색채이고 고도의 영성을 가리킨다. 치료에서 금색은 항상 보색인 남색과 함께 사용되고, 치료의 마무리에 신체 에너지를 불어넣는 데 사용된다.

12) 분홍

레드와 화이트의 혼합색으로 레드의 화려함, 에너지, 화이트의 부드러움을 함께 가지고 있다. 분홍은 마음을 편안하게 안정시켜 준다.

미국의 한 교도소에서는 회색이던 내부를 분홍색으로 바꾸자 폭력 사고가 눈에 띄게 줄어들었다고 한다. 더운 온도와 습한 날씨 때문에 집중력이 떨어지고 무기력증에 빠졌을 때도 분홍색이 좋다. 신체보다는 정신적인 면에 더 많은 영향을 주는데 몸의 진동을 높여 활력을 준다. 부드럽고 화사한 이미지가 많으며 수줍은 소녀를 연상시킨다. 연애하는 감정을 가지고 있을 때 핑크색채를 선호하게 된다. 타인에게 의지를 나타내며 배려를 나타낸다. 낭만적이며 우아하다. 다만 열이 있거나 흥분된 상태에서는 핑크색을 사용하지 않는 것이 좋다.

색상과 병리적 현상의 연관성은 다음의 표를 참고한다.

〈표 Ⅳ-4〉 정신병리를 나타내는 색상

색상	정신병리적 현상
노랑	ⓐ 칸딘스키: 노랑은 인간을 불안하게 하며, 빈정대고, 흥분시키며, 뻔뻔하고, 강제적인 기분에 작용되는 색으로 폭력의 성격을 나타낸다. 그뿐만 아니라 노랑은 점점 더 높아지는 날카로운 트럼펫처럼 들리고 정신병리학적 경험에 의하면 광기(狂氣)의 색으로 작용할 수 있다. ⓑ 노랑은 정신분열증 환자들이 선호하는 색이다. · 에머리(Marguerite Emery): 퇴보하거나 두드러지게 유아 수준을 넘어서는 데 실패한 환자들은 거의 예외 없이 노랑을 선택한다.
녹색	· 녹색을 너무 많이 사용하면, 오히려 기분이 저하되고 우울한 성향에 빠지기 쉽다. · 모스(Eric P. Mosse): 히스테리 환자들과 정신상태가 불안한 정신신경증 환자들은 녹색을 특히 좋아하는 경향이 있는데, 이는 도피경향을 상징하는 것이다.
보라	ⓐ 칸딘스키: 보라는 육체적·심리적 의미에서 가라앉은 빨강으로서 어떤 병적인 것, 힘을 잃은 것, 자체에 슬픈 어떤 것을 지니고 있다. ⓑ 정신병동에 있는 환자들은 보라를 선호한다. 보라는 기분이 저조하며 슬프고, 매우 우울함을 나타낸다. 보라의 의미에 대해 알 슈우라와 하트 위크는 '침체된 우울한 기분이나 체험'으로, 막스뤼서는 '정서불안을 가져오는 몸의 기능저하'로 보고하였다. 이러한 영향으로 한때 보라는 '병약한 색,' '나쁜 색'이라는 이미지로 인식된 바 있다.
갈색	· 우울하거나 성장과정에 억제의 경험을 많이 한 것을 나타냄으로써 부정적 모성콤플렉스에 매여 있다는 것을 보여준다.
검정	· 검정은 심리적으로 억제, 불안, 슬픔 혹은 분노를 나타낸다. 또한 그림에 나오는 신체의 특정 부위에 검은색을 사용했다면, 그 부분의 기능상 문제나 장애를 생각해볼 수 있다.
흰색	· 샤이에(K. Warner Schaie): 흰색의 사용빈도가 정상인이 29.1%인 데 반하여, 정신분열증 환자는 76.6%였다.
회색	· 회색은 우울함을 나타낸다. 사람의 아우라(aura)에서 회색이 보이면 병이 있다는 표시이다.

출처: 황교선(2005), 『정신치료의 효율적 접근에 따른 미술치료 효과』, 경기대학교 대체의학대학원.

〈컬러별 영향을 미치는 신체부위와 작용〉

크고 작은 질병을 치료하기 위해 복용하는 약에도 색채치료 개념이 쓰인다. 색채에 따라 약 효과가 달라질 수 있다는 흥미로운 연구결과도 나온 바 있다. 네덜란드 암스테르담 의대에서 똑같은 정신병 치료약에 다른 색을 입혀 임상 시험을 했더니, 색깔별로 효능이 다르게 나타난 것이다.

▶ **간과 근육조직, 좌뇌 반구, 혈액순환 장애, 신경, 항생**

1. 살아 있는 생명체에 활력과 에너지를 자극, 활동성을 촉진
2. 주로 생식기관, 특히 난소, 생식선과 관련
3. 아드레날린을 분비시켜 혈액순환을 향상시켜 헤모글로빈 생성 도움
→ 혈압 체온 상승, 신경조직을 자극, 무감각이나 마비가 수반되는 질병을 다루는 데 효과적임
4. 혈전, 동맥경화, 심장마비, 뇌졸중, 빈혈, 감기, 폐렴도 경감시킬 수 있는 질병
5. 강장제 역할로써, 한기가 느껴질 때 바로 사용하면 증상을 이겨낼 수 있음
→ 저항력이 약해질 때에 유익하며, 신체를 강하게 만드는 데 필요한 에너지
6. 뻣뻣해진 근육 관절을 부드럽게 해주며 해독능력이 뛰어남
7. 원기를 불어넣고 무기력증, 우울증, 슬픔, 의기소침의 증상을 쫓아냄

BUT〉〉 열병, 고혈압 환자, 붓고 찢어진 상처, 화상이나 타박상 같이 염증이 생겼을 땐 사용하지 않음. 혈압과 체온을 상승시키는 작용을 하지만 시간이 경과되면 반대의 효과를 볼 수 있으니 주의해야 함.

▶ **효과를 보기 위한 방법**
- 몸에 한기가 들 때, 빨간 양말, 빨간 장갑, 빨간 조끼나 스카프 사용

- 정기적으로 사용하면 몸을 덥게 만들고 내적인 에너지를 자극하는 데 도움
- 1960~70년대 유행했던 빨간 내복은 빨간색의 에너지를 효과적으로 활용했던 사례, 또한, '빨간약'으로 불리는 머큐로크롬은 상처의 소독과 치료뿐만 아니라 환자의 심리적인 부분까지 치료

▶ **갑상선 부갑상선, 우울증, 감기, 신경계, 위장질환**

1. 빨강, 노랑과 비슷, 신체에 에너지를 주고 동화작용을 도움
2. 혈액순환 촉진, 신경계와 호흡계에 영향
3. 칼슘의 색으로 임산부와 젖을 먹이는 어머니들에게 권장
→ 건강한 모발, 손톱, 이와 뼈가 주황의 효과로 나타남
4. 비장과 신장질환 치료에도 유익
5. 위장과, 췌장, 방광과 폐의 생리적 기능에 도움, 궤양과 담석을 풀어줌
6. 변비, 장의 경련, 복통, 생리통 균형을 찾아주는 데 효과적
7. 강한 심장박동 촉진, 간에 도움(알코올 중독자 치료에 적당)
8. 호흡계통에 효과, 기관지염 치료, 깊은 고름 호흡을 자극
9. 연한 주황은 관절염, 류머티즘에 사용하면 좋음

BUT〉〉 쉽게 동요하는 성질을 지녔거나 스트레스로 고생하는 사람에겐 사용하지 않는 것이 좋음.

▶ **효과를 보기 위한 방법**
- 신체의 아랫부분에 주황색의 셔츠나 바지, 속옷 등을 입으면 위장, 췌장, 방광과 폐의 생리적 기능에 도움을 주고 궤양과 담석을 풀어주는 효과가 있음.

노랑(Yellow, C0 M0 Y100 K0, R255 G255 B0)

▶ 근육, 신경조직, 소화기관

1. 태양의 색상으로 운동신경을 활성화하고 근육에 사용되는 에너지 생성에 효과적, 상처를 회복시킴
2. 신경계와 심장과 근육을 강화, 순환작용을 이끌어냄
3. 간, 담낭, 담즙의 활동 자극, 위액분비 촉진, 적절한 내장운동 도모, 소화 불량과 변비 해결
4. 몸속에 저장되어 있는 칼슘을 움직이게 함, 굳은 관절 풀어줄 때 운동으로 통증 완화에 효과적
5. 배설작용을 원활, 신장과 간을 자극, 점액을 배출, 혈액 흐름 정화, 임파선계의 활동 활발
6. 당뇨병 환자 췌장에서 나오는 인슐린 자극으로 양을 줄일 수 있음. 요오드, 인, 금, 유황 노랑 에너지에 포함
7. 뇌와 정신적 능력을 촉진

BUT〉〉 심각한 정신병이나 노이로제 시달리는 사람에겐 사용하지 않는 것이 좋음

▶ 효과를 보기 위한 방법
- 가능할 때 햇살에 몸을 맡기고 앉아서 황금빛의 노란 광선을 흡수하는 것도 좋은 방법
- 관절염, 류머티즘, 통풍을 경감시키는 효과가 있으며, 관절염 패치 등이 노란색인 것도 이러한 이유와 관련

BUT〉〉 졸음과 피로나 짜증 유발, 너무 많이 사용하면 차갑고 고립된 느낌을 가질 수 있음, 정신 상태가 불안정할 때는 초록색이 싫어지기도 함.

▶ **근육과 뼈 그 밖의 세포막, 치통, 만성피로, 멀미, 고혈압, 항균**

1. 교감신경계에 유익한 작용, 심장과 폐의 기능에 직접적 영향력
2. 응혈괴를 풀어주고 세포경화증 해소, 근육, 피부조직, 세포조직 형성, 유해 물질을 없애는 데 도움을 줌(종기와 남종치료에 유익)
3. 눈의 피로를 풀어주고 잠이 잘 오게 해 고통과 긴장을 풀어주고 감정을 진정시키기 좋은 색상
4. 천식, 만성기관지염, 협심증 가슴질환에 효과적, 염증성 간질환, 감기와 두통, 균형을 찾아주는 능력(두려움과 충격 완화, 밀실공포증에 유익)
5. 바이러스 감염 증상에 사용하면 좋음

▶ **효과를 보기 위한 방법**
- 색채호흡, 색채 시각화, 명상훈련 시도
- 가슴을 넓게 확장시켜 뭉친 부분을 풀어줌. 가까운 공원이나 시골(신선한 공기를 마시는 것도 좋은 효과)

▶ **근육, 혈관, 신경, 장티푸스, 항경련, 당뇨병, 고혈압, 화생**
- 신체에 강장제 역할을 하고 방부제성 질과 근육 혈관을 축소시켜 지혈 효과가 있고 신경흥분을 가라앉혀 주어 빈혈, 불면증, 두통, 신경통에 좋음

1. 빨간색이 너무 지나칠 때 해독제 작용, 열을 동반, 빠른 맥박, 고혈압에 적용하면 성공적인 효과
2. 햇빛에 생긴 쓰라림이나 물집, 일사병, 신체의 열기와 염증을 달래줌
3. 긴장이나 스트레스 두통에 사용하면 진정과 평온함을 촉진함
4. 생리통, 허리염증 등 생리 불순에 효과

5. 편두통, 뇌막염, 대장염, 불면증, 이질, 설사에도 유익
6. 젖니가 날 때, 목 아플 때, 편도선염, 홍역, 백일해, 수두, 딸꾹질, 어린이
   질병에 탁월
7. 근시, 백내장, 광선 공포증, 안질환에도 효과

BUT>> 저혈압, 마비증세, 감기, 정신적인 우울증과 좌절감이 생길 수 있으
       므로 사용하지 않는 것이 좋음

▶ 효과를 보기 위한 방법
- 파란 잠옷, 파란 팬티, 파란 목욕가운, 파란 옷을 활용해보거나 침대보,
  수건 같은 살림살이에 파란색 적용, 파란 빛이 나는 전등을 밤새도록
  켜놓으면 생리통이 완화

보라(Purple, C80 M100 Y0 K10, R84 G0 B125)

▶ **비장, 상부, 신경, 뇌, 뼈, 백혈구**
- 운동신경을 약화시키고 정신 질환의 증상과 통증을 완화시키며 백혈구
  를 조성하여 이온 균형을 유지시킴

1. 뇌하수체 연결, 호르몬의 정상화시킴, 뇌척수, 뇌막염, 뇌진탕, 간질, 기
   타 강박적 질환과 성격적인 불균형, 신경 정신 질환에 효과적
2. 혈액을 정화, 백혈구 생산에 도움, 체내의 칼륨의 균형 유지, 수분의 균
   형 조절, 심장박동을 정상화, 폐, 간, 신장에 효과적
3. 신경통, 일반적인 신경 질환에도 보라색이 유용
4. 눈, 귀, 코와 관련된 문제 해결

BUT>> 건망증, 비현실 이상주의 사람에겐 권하지 않음, 인내력 부족

▶ 효과를 보기 위한 방법
- 본질적인 특징이 비전과 직관의 정신 에너지를 결부하면 운명을 엮어
  나갈 수 있음.

5. 색채치료의 임상적 응용

1) CRR(Colour Reflection Reading) 검사법이란?

하워드와 도로시 선이 개발한 CRR(Colour Reflection Reading) 검사를 할 때는 우선 검사를 받는 사람에게 여덟 가지 색 중에서 세 가지 색을 고르라고 한다. 그 후에는 그 색들이 반영하는 그들의 진실한 자아와 현재 상태와 목표에 대한 해석을 제공하는 것이다.

이 색채검사에는 3단계가 있다.

첫 번째 단계는, 개인적인 취향에 따라서 색을 선택하는 것이다.

두 번째 단계는, 그 색을 선택한 사람과 관련지어 색을 해석하는 것이다.

세 번째 단계는, 검사 결과를 바탕으로 실천에 이르는 것이다.

여기서 사용하는 색은 8가지인데, 이 8가지 색은 다음과 같이 8가지 특별한 형태의 모형에 입힌다[빨강(사각형), 주황(마름모), 노랑(밑으로 향한 삼각형), 초록(원), 파랑(밑으로 향한 삼각형), 진청(육각형), 보라(밑으로 향한 오각형), 자주(위로 향한 오각형)].

2) CRR(Colour Reflection Reading) 검사 방법

색채심리검사에는 3단계가 있다.

(1) 좋아하는 색을 고른다

〈그림 Ⅳ-6〉 CRR 검사

빨강, 주황, 노랑, 초록의 순서대로 한 줄에 놓고, 파랑, 진청, 보라, 자주색을 다음 줄에 놓는다. 여덟 개의 색을 보면서 "지금 이 순간 당신의 마음이 끌리는 순서대로 세 개를 선택하라"고 지시한다.

선택한 세 가지 색을 좋아하는 순서대로(제일 마음에 드는 색, 두 번째로 마음에 드는 색, 세 번째로 마음에 드는 색) 앞에 놓고 나머지 색 견본들은 옆으로 치워버린다.

(2) 순서가 지니는 의미

① 첫 번째에 있는 색

당신의 개인적인 본질을 나타낸다. 당신이 진짜 어떤 사람인지를
말해주는 부분이다. 기본 성격과 상황에 따라 반응하는 양식을 반영
한다. 당신의 진실한 자아의 표현이라 할 수 있다.

② 두 번째에 있는 색

현재를 의미한다. 처해 있는 현재(육체적·정신적·정서적인 면에
서 모두)와 관련이 있다. 이 색(혹은 그것의 보색)은 당신의 깊은 무
의식적 욕구나 결핍 상태 혹은 약점들을 반영하고 있으며, 당신이 지
금 즉시 수용해야 할 색이라는 뜻이다. 해결해야 할 문제를 나타내주
는 색이기도 하다.

③ 세 번째에 있는 색

당신의 목표를 의미한다. 그 목표를 달성할 수 있는 방법도 나타내
준다. 이 색에는 당신의 내면적인 소망, 비전과 꿈이 반영되어 있으
며, 그것은 운명의 방향과 앞으로 당신이 밟아야 하는 단계를 지시해
준다. 이 색은 새롭고 신선한 미래를 만들기 위하여 당신에게 어떤
행동들이 필요한지를 알려준다.

(3) 행동에 옮기는 단계

앞에서 고른 색과 의미의 해석에서 인생에 존재하는 조화와 부조
화를 대충 알게 되었을 것이다. 이렇게 새로 얻은 지식을 현실에서

적용해보는 행동의 시간이 되는 것이다.

① 색을 생활공간에 응용한다

자신에게 긍정적인 영향을 줄 수 있는 색깔을 선택하여 옷을 입는다든가, 거실, 천장, 벽지, 카펫, 커튼 등 인테리어에 색을 활용하는 것이다.

② 구체적인 색채요법의 활용

색채치료의 이론에 의하면 색채의 자극은 신체적으로 몸 안의 모든 조직에 활력을 복구시켜 줄 뿐 아니라 정서적·정신적인 회복도 촉진해준다는 것이다. 색채치료는 인간의 신체와 정신과 감정을 조화롭게 맞춰나가는 데 도움이 되며, 그 결과로 개인적인 성장과 영적인 개발을 격려해줄 수 있다는 것이다.

우선 신체적·정신적·정서적인 색의 작용에 대해 숙지하여야 한다. 그러면 어떤 사람이 지니는 문제의 증상이 어떤 색을 사용할 때 가장 효율적인 도움을 줄 수 있는가에 대한 해답이 도출되어 나온다.

③ 색채 호흡법의 활용

복식 호흡법에다 색채 시각화를 접목시켜 자연치유력을 활성화시킨다.

④ 색채 시각화의 활용

시각화는 우리의 인생에서 원하는 것을 끌어들이기 위해 상상력을 발휘하여 마음에 그림을 그려보는 방법이다.

⑤ 색채명상의 활용

명상을 하면 건강에 유익할 뿐만 아니라 육체적·정신적·정서적
인 면에서도 균형을 맞춰준다. 색채의 명상법은 그 색을 찾을 수 있
는 자연 색에 맞춰서 개발되었다. 상상력을 발휘해서 그 장면을 실제
로 경험하는 것처럼 상상할 수만 있으면 된다.

참고문헌

강길전(2002).『양자의학』. 서울: 미내사클럽.

강준모, 이주연, 김현정(2003).『건축배색에 의한 색채환경 선호도 및 이미지에 관한 연구』. 한국도시설계학회 추계학술대회집.

고을환(1997).『디자인을 위한 색채계획』. 서울: 미진사.

고재근(1999).『한국 전통회화에 나타난 색채연구』. 전남대학교 석사학위논문.

구미래(1992).『한국인의 상징세계』. 서울: 조형사.

김길권, 오치영(2006).『미술의 기본요소와 조형원리에 기초한 아동미술의 이해와 지도』. 서울: 양서원.

김문정(2004).『영화의상에 표현된 색의 상징적 이미지에 관한 연구: 영화 '영웅'을 중심으로』. 중앙대 예술대학원 석사학위논문.

김민자(2004).『복식미학강의1』. 서울: 교문사.

김선현, 전세일(2009).『동서의학과 동서미술치료』. 서울: 학지사.

김선현(2001).『통합의학에서의 미술치료의 역할에 관한 연구』. 한양대학교 박사학위논문.

______(2009).『임상미술치료학』. 서울: 계축문화사.

______(2009).『컬러가 내 몸을 바꾼다』. 서울: 넥서스.

______(2010).『임상미술치료의 이해』. 서울: 학지사.

김성식(2003).『영상 커뮤니케이션의 색채가 심리에 미치는 영향에 관한 연구』. 단국대 멀티미디어대학원 석사학위논문.

김수옥(1999).『한국미술에 나타난 음양오행에 의한 색채표현에 관한 연구: 오방색을 중심으로』. 조선대학교 대학원 석사학위논문.

김석훈(2011).『의약품의 복용 순응도를 높이기 위한 시각 시스템디자인 연구』. 한양대학교 일반대학원 석사학위논문.

김선현(2006).『마음을 읽는 미술치료』. 서울: 넥서스 북스.

김영균(2004).『보완 대체 의료』. 서울: 엠디저널.

김유순(2004).『색채와 색채진단』. 서울: 예림.

김재은(1998).『그림에 의한 아동의 심리진단』. 서울: 교육과학사.

김주경, 이언영, 임미애, 임은실(2010). 『COLOR STORY』. 서울: 교문사.

김진한(2002). 『색채의 원리』. 서울: 시공사.

김정혜(2005). 『패션이 사랑한 미술』. 서울: 아트북스.

김정원(2009). 『푸드 스타일링에 있어서 미각의 시각화와 색채에 관한 연구』. 경기대학교 관광전문대학원 석사학위논문.

곽병우(2011). 『전통오방색에 대한 미술치료사의 색채의식과 치료활용도에 관한 연구』. 영남대학교대학원 석사학위논문.

권영걸(2004). 『색채와 디자인 비즈니스』. 서울: 국제.

권영걸, 김현선(2011). 『쉬운 색채학』. 서울: 날마다.

권영걸(2008). 『권영걸 교수의 공공디자인 산책』. 서울: 사미현.

권은숙(1995). 『색으로 승부하는 21세기』. 서울: 웅진출판.

노주연(2004). 『BI 형성에 있어서 컬러가 미치는 영향력 분석 방법에 대한 연구』. 성신여자대학교 대학원 석사학위 논문.

다카시나슈지, 신미원 역(2002). 『명화를 보는 눈』. 서울: 눌와. 도쿄상공회의소(2005). 컬러코디네이션. 서울: 하트앤컬러코리아.

도쿄상공회의소(2007). 『컬러코디네이션의 기초』. 서울: 휴앤즈.

린다 홀츠슈에, 윤희수 역(1999). 『색채의 이해』. 서울: 미술문화.

문은배(2005). 『색채의 이해와 활용』. 서울: 안그라픽스.

박도양(1992). 『실용 색채학』. 서울: 이우출판사.

박돈서(1996). 『색채의 상징성에 관한 연구; 세계 각국 국기색을 중심으로』. 『한국색채학회 논문집』. 7. 1 - 17.

박연선(2007). 『색채용어사전』. 서울: 예림.

박영수(2003). 『색채의 상징, 색채의 심리』. 서울: 살림.

박명환(2007). 『COLOR DESIGN BOOK』. 서울: 길벗.

박승림(2004). 『색채 심리 · 치료와 한의학에서의 색의 적용』. 대전대대학원 석사학위 논문.

박영춘(2002). 『도시의 이미지특정에 관한 연구』, 『국토계획』 37(4). 대한국토도시계획학회.

박홍주(2009). 『바람난 삼신할매』. 서울: 인디북.

박희숙(2004). 『그림은 욕망을 숨기지 않는다』. 서울: 대한교과서.

발라스, 길라(Ballas, Guila), 한택수 역(2002). 『현대 미술과 색채』. 서울: 궁리.

변현조(2005). 『맛 이미지에서 오는 색채와 심리의 연관성에 관한 연구』. 국민대학교대학원 석사학위논문.

서지원(1992). 『의약품 포장 디자인에 관한 연구: 색채를 중심으로』. 한양대학교 교육대학원 석사학위논문.
서프라이즈정보, 김민경, 한은미 역(2006).『색깔의 수수께끼』. 서울: 비채.
Sun, Howard & Dorothy, 나선숙 역(2003).『Colour Your Life』. 서울: 예경.
수잔 핀처, 김진숙 역(2005).『만다라를 통한 미술치료』. 서울: 학지사.
신재호(2004).『보석색의 심리적 접근을 통한 장신구 조형연구』. 원광대학교
　　　　석사학위 논문.
신혜영, 심영완, 최미영(2004).『국내 브랜드의 컬러마케팅 활용 실태 조사』.
　　　　한국색채 학회지.
스에나가 타미오(2001).『색채심리』. 서울: 예경.
＿＿＿＿＿＿＿＿＿(2003).『Color는 doctor』. 서울: 예경.
스에나가 타미오, 박필임 역(2003).『색채 심리』. 서울: 애경.
안지혜(2011).『색채를 통한 미술치료법에 관한 연구』. 수원대학교대학원 석사
　　　　학위논문.
양현주(2010).『색채치료를 활용한 아동의 심리치료 프로그램 연구』. 서울교육
　　　　대학교 교육대학원 석사학위 논문.
에바 헬러, 이영희 역(2002).『색의 유혹』. 서울: 예담.
오수연(2011).『색채심리와 컬러 마케팅, 색의 유혹』. 서울: 살림.
오희선, 김숙희(2001).『재미있는 색 이야기』. 서울: 교학 연구사.
요하네스 이텐(2011).『색채의 예술, 색채의 주관적 경험과 객관적 원리』. 서
　　　　울: 지구문화사.
우석진, 영진정보연구소(2011).『컬러리스트』. 서울: 영진닷컴.
윤혜림(2008),『색채 지각론과 체계론』. 서울: 도서출판국제.
이미란, 유중석(2004).『도시야간경관 계획의 기본목표와 구성요소에 관한 연구』.
　　　　한국도시설계학회 추계학술대회집.
이승희(2004).『한국 키즈 산업의 컬러 마케팅 전략 연구』. 홍익대학교 대학원
　　　　석사학위 논문.
이연순(2005).『현대인과 패션』. 영남대학교출판부.
이유주(2005).『푸드컬러와 디자인』. 서울: 경춘사.
이윤경(2010).『표현주의 미술의 색채심리와 심리 치료적 요인에 관한 연구』.
　　　　한양대학교 대학원 석사학위논문.
이인숙(2002).『한국의 전통적 미의식과 오방색의 관계 연구; 조선시대를 중심
　　　　으로』. 경희대학교 석사학위논문.
이인자 외 9인(2002).『현대사회와 패션』. 건국대학교출판부.
이원신(2006).『한국 전통 색채를 이용한 컬러 마케팅에 관한 연구』. 홍익대학

교 대학원 석사학위 논문.

이준육(2011).『색채요법을 적용한 퇴행성슬관절염의 임상효과』. 경기대학교
　　　대체의학대학원.

이지아(2010).『우울증 환자의 색 선호도와 색채감성에 관한 연구』. 차의과학
　　　대 보건복지대학원 석사학위논문.

이현수(2007).『이현수 교수의 도시색채 이야기』. 서울: 선.

이혜정, 여홍구(2005).『지역별 경관색채와 환경요인과의 상관성에 관한 연구』.
　　　한국도시설계학회 춘계학술대회집.

이황선(2007).『외식산업에서의 컬러마케팅 효과 및 소비자 호응도 분석』. 성
　　　신여자대학교 석사학위 논문.

일본 시각디자인 연구소, 강화선 역(1996).『색의 현장』. 서울: 태학원.

Ingrid Riedel, 정여주 역(2004).『색의 신비』. 서울: 학지사.

엘리슨 콜, 지연순 역(1997).『Colour』. 서울: 도서출판 디자인하우스.

William C. Libby(1992). 이영자 역.『색채와 구성적 감각』. 서울: 미진사.

William Charles Libby(1998).『색채와 감성적 감각』. 서울: 미진사.

W. Kandinsky, Uber das Geistige in der Kunst, Benteli Verlag, Bern, 권영필 역(1979).
　　　『예술에 있어서 정신적인 것에 대하여』. 서울: 열화당.

장성철(2006).『우리 아이에게 꼭 맞는 컬러 찾기』, 서울: 해피아워.

장옥경, 김지선, 장숙정, 김아영(2010).『화훼장식 색채학』. 서울: 도서출판국제.

장은석(2008).『陰陽五行에 의한 象徵造形에 關한 硏究: 韓國人의 造形思考를 中心
　　　으로』. 한양대학교대학원. 박사학위논문.

전세일(2004).『보완대체의학』. 서울: 계축 문화사.

　　　　(2005).『광선요법』, 진단과 치료. 25(2).

　　　　(2008).『색채요법』. 월간 진단과 치료.

전여선(2007).『한국영화와 TV 드라마 전통복식에 나타난 색의 변화와 이미지의
　　　상징성』. 연세대대학원 석사학위논문.

전영자(2008).『한국 샤머니즘 의례에서의 전통색의 역할』. 가톨릭대학교 문화
　　　영성대학원.

정명선 외(2011).『패션과 문화』. 전남대학교 출판.

정여주(2003).『미술치료의 이해』. 서울: 학지사.

정소연(1996).『동양의 색채개념에 의한 상징적 표현 연구』. 이화여자대학교
　　　대학원 석사논문.

정현희(2006).『실제 적용 중심의 미술치료』. 서울: 학지사.

조수진(2010).『색자극이 초등학생의 정서와 뇌파 변화에 미치는 영향』. 경기

대학교 대체의학대학원 석사학위 논문.

조은영(2007).『색채감성의 국가별 분석과 한국인의 개인색채 유형에 따른 패션색채 기호에 관한 연구』. 대구가톨릭대대학원 박사학위논문.

조현주, 이광훈, 정혜민(2006).『쉽게 이해하는 색채학』. 서울: 시그마프레스.

조효현, 김민기, 허정(2009).『색채와 푸드 스타일링』. 서울: 효정.

주미경(2010).『그린 정책과 색 이미지 연구』.『한국색채학회논문집』. 24(1). 15-29.

Zeltner, Philip M., 정순복 역(1996).『존듀이 미학입문』. 서울: 예전사.

차동채, 김춘일(1998).『아동미술의 지도와 이해』. 서울: 미진사.

채수명(2002).『색채심리 마케팅』. 서울: 국제.

최승희(2002).『주변공간의 색채디자인에 관한 연구』.『대한국토도시계획학회논문집』. 37(1).

최영훈 외(2004).『색채의 원리와 활용』. 서울: 미진사.

최외선, 이근매, 김갑숙, 최선남, 이미옥(2009).『마음을 나누는 미술치료』. 서울: 학지사.

최재영(2007).『미래인을 키우기 위한 아동 미술 활동의 지도와 이해』. 서울: 창지사.

쿠와지마 미키, 카와구치 유키토, 이규원 역(2003).『빛과 색의 신비』. 서울: 한울림.

Patin, Sylvie, 송은경 역(1996).『모네-순간에서 영원으로』. 서울: 시공사.

파퍼 비렌 저, 김진한 역(1996).『색채의 영향』. 서울: 시공사.

파버 비렌, 김진한 역(2002).『색채의 영향』. 서울: 시공사.

파버 비렌, 김화중 역(1993).『색채 심리』. 서울: 동국출판사.

프랭크 H. 만케(1998).『색채, 환경, 그리고 인간의 반응』. 서울: 국제.

필립 랑클로(2009).『환경, 건축 그리고 색』. 서울: 미진사.

하랄드 브램, 이재만 역(2010).『컬러의 의미와 상징, 색의 힘』. 서울: 일진사.

하워드 선, 도로시 선, 나선숙 역(2003).『내 삶에 색을 입히자』. 서울: 예경.

한국문화관광정책연구원(2003).『문화영향평가 해외사례조사연구-문화관광부정책보고서』.

한국문화상징사전편찬위원회(1994).『한국문화상징사전』. 서울: 동아출판사.

한국색채연구소(2006).『아동 색채교육』. 서울: 미진사.

한국색채학회(2001).『색색가지 세상』. 서울: 국제.

___________(2002).『이제는 색이다』. 서울: 국제.

___________(2002).『색이 만드는 미래』. 서울: 국제.

한정희(2007).『브랜드 아이덴티티 강화를 위한 브랜드 컬러 사례 분석』. 이화여자대학교 석사학위 논문.

한지애 외 7인(2011). 『색채와 문화』. 조선대학교 출판부.

황교선(2005). 『정신치료의 효율적 접근에 따른 미술치료효과』. 경기대학교 대
　　체의학대학원 석사학위 논문.

황수무(2003). 『교사를 위한 유아미술교육』. 서울: 형설출판사.

황보영, 강양석(2003). 『지역특성에 따른 간판색채에 관한 연구』. 『대한국토도
　　시계획학회』, 추계학술대회집.

Bruce D. F., McIlwain H. H.(1998). *Unofficial Guide to Alternative Medicine.*
　　Simon & Schuster Macmillan Company.

Editors of Time-Life(1996). *The medical advisor, The complete guide to Alternative
　　and Conventional Medicine,* Time Life Inc.

Goldberg, B.(1999). *Alternative Medicine, The definitive guide.* Future Medicine
　　Publishing Inc., Tiburon, California.

Ott J.(1973). *Health and Light.* Old Greenwich, Conn.: Devin-Adair.

Waldman, Diane, Mark Rothko(1978). *1903-1970: A RETROSPECTIVE.* New York:
　　Abrams.

Wittgenstein, Ludwig(1977). *Remarks on Colour.* Berkely: University of California
　　Press.

Web Source

http://www.cinerak.com/woman

http://designgs.konkuk.ac.kr/pro01_01.htm

http://www.multitherapy.com

http://www.colortherapy.co.kr

김선현

한양대학교 대학원 이학박사
한양대 미술교육대학원 미술교육학 석사
가톨릭대학교 상담심리대학원 석사
서울과학기술대학교 미술학사

차의과학대학교 미술치료·상담심리학과 교수
차병원 미술치료클리닉 교수
베이징대학교 의과대학 교환교수 역임
대한트라우마협회 회장
세계미술치료학회 회장
한·중·일 학회 회장
차의과학대학교 미술치료 대학원 원장 역임
대한임상미술치료학회 회장 역임

몸과 마음을 치유하는 컬러

색채심리학

초판발행 2013년 4월 22일
초판 8쇄 2020년 2월 10일

지은이 김선현
펴낸이 채종준

펴낸곳 한국학술정보(주)
주소 경기도 파주시 회동길 230 (문발동)
전화 031 908 3181(대표)
팩스 031 908 3189
홈페이지 http://ebook.kstudy.com
E-mail 출판사업부 publish@kstudy.com
등록 제일산—115호(2000. 6. 19)

ISBN 978-89-268-4210-2 93180 (Paper Book)
  978-89-268-4211-9 95180 (e-Book)